Carlos Kuntzel

O que ninguém te disse sobre Assessoria de Comunicação

Conteúdo para comunicólogos, estudantes, professores, empreendedores, gestores e empresários

2019

E96 Kuntzel, Alberto Carlos, 1969

O que ninguém te disse sobre Assessoria de Comunicação - Conteúdo para comunicólogos, estudantes, professores, empreendedores, gestores e empresários/ Kuntzel, Carlos. Campo Grande: edição independente. - 2019. 94 p.

ISBN: 9781676789239 - Selo editorial: Independently published

1. Assessoria de Imprensa 2. Comunicação Social 3. Jornalismo 4. Designer de eventos.

I. Título. II. Autor.

CDD: 070.172

Revisão: Laboratório de Revisão de Textos Acadêmico-científicos (LABREV); Núcleo de Linguagens, Discursos e(m) Hipermídias; Universidade Federal de Mato Grosso do Sul - 2019.

Introdução

Este livro não tem objetivos científicos e, muito menos, pretende ser um manual de Assessoria de Comunicação. Trata-se de um apanhado de observações, experiências e, claro, estudos realizados na área ao longo da minha carreira como jornalista. Quero contar o que poucos falam, mas que na vida real acontece ou precisa acontecer.

Escrevi estas páginas, contrariando a academia, misturando profissões distintas e formei um modelo mental que considero apropriado para trabalhar com imagem, com divulgação, com (cobertura de) eventos, e com os veículos de comunicação.

Para mim, é impossível estar em uma Assessoria de Comunicação e ficar engessado, apenas com o limite das possibilidades que o Jornalismo nos oferece. Estar no papel de Assessor de Comunicação significa inserir-se no quadro de uma empresa ou organização e construir, junto com ela, o futuro da instituição. Isso é utópico, porém estamos chegando nesse amadurecimento. Com insistência e um palpite aqui, um acerto acolá, você vai influenciando e conquistando confiança e espaço. Toda organização espera ter resultados e, quando conhecem os resultados que a comunicação gerenciada proporciona, não abandonam mais.

Em uma administração, cada um tem seu papel claro, mas todos estão interligados e, querendo ou não, todos têm reflexos na comunicação. Sendo assim, é necessário ter uma visão do todo para também ter o controle sobre o trabalho de Assessor de Comunicação. Ao longo das páginas, você vai perceber, por exemplo, como uma empresa, ou um grupo de dirigentes se complica por falta de gestão em comunicação ou mesmo por imposições nesta área.

Entendo a comunicação como algo pouco palpável, que não se resolve apenas publicando conteúdo ou escrevendo *releases*: é preciso mais! E é sobre isso que vou falar.

1.Paradoxo

Inicio nossa reflexão considerando dois paradoxos gigantes dentro da comunicação: o como se faz jornalismo contemporâneo e o como se faz a escolha de um assessor de comunicação para uma organização.

Os dois assuntos são pertinentes ao tema que vamos abordar ao longo destas páginas, levando em consideração as mudanças pelas quais a profissão do jornalista e os veículos de comunicação estão passando. Aliás, o mundo todo está se transformando. Falarei disso em alguns momentos, ao longo desse livro, e, na verdade, eu não tenho as respostas, mas faço reflexões sobre isso.

Na década de 1990, uma das obras que me impactou, e me tornou um fascinado pela comunicação, foi "Televisão – a Vida pelo Vídeo" (1988), de Ciro Marcondes Filho, que inicia a narrativa pela rotina de um cidadão comum que chega do trabalho cansado, no final da jornada, e tem toda a atenção tomada pelo telejornal. "É o show de notícias que vai começar". O homem se entrega ao sofá e pouco ouve do que a esposa fala ou de como as crianças buscam de sua atenção.

Embora pareça ruim, para a época, já era o mundo dos sonhos. Iniciado há pouco mais de 70 anos antes, quando se trabalhava muito mais horas por dia, em um tempo no qual não haviam direitos trabalhistas, nem seguro de saúde, nem legislação especial para mulheres e crianças. A década de 1980 já era marcada por televisão, máquina de lavar, freezer, videocassete e tanta outros sonhos de consumo para tornar a vida mais fácil.

Com tudo isso à disposição, tinha-se ideia de que a família podia se reunir em torno da televisão e aproveitar o que esse equipamento podia oferecer. O que não se esperava (e que começava a preocupar) era a interferência desses meios na sociedade e no cotidiano das pessoas. Mas esse não é o objeto da nossa reflexão, se não pelo fato de que, 30 anos depois, tal modelo mudou drasticamente também e, hoje, os smartphones estão na preferência das pessoas, interagindo drasticamente com o comportamento da humanidade.

Neste ponto, entra o nosso paradoxo. Vivemos a era próxima de 2020 (este livro foi escrito em 2019), período de conflito que decreta a total decadência do jornalismo de *release* ou do 100% TV. Os canais abertos de televisão, no modelo com que oferecem os serviços hoje, não passarão muito tempo em funcionamento. A televisão brasileira que já chegou a atingir 100% de audiência registrada no ápice da telenovela Vale Tudo, de 1988 a 1989, na cena da morte de Odete Roitman, interpretada pela atriz Beatriz Segall, nunca mais atingiu desempenho como esse. Foi uma marca impossível para a realidade contemporânea, embora não posso deixar de considerar o poder de audiência de alguns canais e de alguns programas de televisão. Existe, claro que existe! E a sobrevivência da mídia televisiva pode perdurar por algum tempo ainda, mas destaco que estou falando dos 100% da audiência de outrora. Vou esclarecer isso mais adiante.

Hoje, em vários horários, os canais de TV registram "traço" de audiência – o que significa 0.0 ou 0.2 de audiência. Só esse funcionamento já daria um livro de discussão, mas o principal problema dos canais da TV aberta brasileira, na minha opinião, e isso não tem nada de científico, é a evasão dos anunciantes, que estão migrando para plataformas mais econômicas, personalizadas e até mais eficientes. Simplifiquei um pouco a explicação, mas, de maneira simplificada, é isso.

Então, se a audiência das tevês abertas se esvaziou, elas também precisam se reinventar. Ninguém mais enche a sala-de-estar para ver televisão em família. Hoje, cada um tem o seu aparelho de celular e, por enquanto, é por ele que as pessoas se informam. E em curto espaço de tempo, tal aparelho também será obsoleto e outro instrumento, que ainda não cabe na nossa imaginação, será o sucessor do celular tipo smartphone e, aí sim, nos distanciaremos totalmente do nosso modelo atual de comunicação social.

Isso tudo impacta no jornalismo que aprendemos nas universidades e colocamos em prática no dia a dia. Trata-se de uma questão que precisa ser repensada. Os cursos necessitam ser mudados e redirecionados, as Assessorias de Comunicação precisam remanejar a graduação e traçar novos caminhos.

Neste final de década, início de outra, já não há mais sentido em preparar um telejornal para ser exibido em horário definido e imaginar que as pessoas estão aguardando e irão se sentar diante dela para ver o que foi preparado. Não no noticiário comum, do dia a dia. Em alguns outros formatos, isso até pode funcionar, mas com o jornalismo tradicional, tenho certeza de que não.

Sabemos tudo em tempo real pelas redes sociais e veículos *on-line* e, quando precisamos, esperamos a disponibilização dos telejornais nos canais *on-line*, para só então assistirmos. A prática não é coletiva, mas a audiência das tevês está comprometida. Como eu disse, a única certeza que temos é de que 100% de audiência configura um índice que nunca mais se repetirá nas TVs abertas.

Porém, um anúncio em televisão ainda impulsiona muito a venda de determinados tipos de produtos de massa e um jornalismo bem feito impacta profundamente a sociedade por meio da TV. Nessa luta, ninguém perde totalmente o seu espaço, apenas alerto que tudo se modifica.

O outro paradoxo é a própria figura do assessor de imprensa, nosso centro de debates aqui. Quem é esse profissional? Na teoria, pode ser um Relações Públicas, um Publicitário ou um Jornalista; na prática, geralmente é um profissional formado em Comunicação Social. O que ele sabe sobre o assunto é, no máximo, a teoria do que viu durante o curso universitário em uma única disciplina de Assessoria de imprensa, o restante vem de um empenho pessoal, juntando conhecimento daqui e dali, com cursos e leituras, além do talento próprio. Eu definiria assim, mas nunca consegui responder essa pergunta com exatidão. Quando uma qualidade se destaca, outras dezenas deixam a desejar e não temos onde buscar definição.

Para o modelo dos cursos universitários de Comunicação Social hoje, podemos resumir e simplificar, dizendo que é um profissional formado para gerenciar *release*. Coloco, aqui, minha meia culpa nisso também. Fui professor universitário por quase quinze anos e, nesse período, a evolução foi muito tímida, principalmente na literatura. Uma coisa que não é muito clara para mim, considerando que a maior parte dos jornalistas formados atuam nas Assessorias de Comunicação e para atuar precisa, na prática, conhecer um pouco de gestão, de estratégia, de planejamento, de publicidade e propaganda, de relações públicas, de cerimonial e jornalismo, que inclui rádio, TV, ciberjornalismo, impresso, fotografia, redes sociais e outras técnicas. Caso contrário, pode ficar restrito a repetir o modelo *release* de Assessoria de Imprensa (Vou falar disso adiante).

A culpa desse paradoxo recai também sobre a própria cultura do jornalista. Na visão da massa, na sua maioria, ser jornalista em assessoria de imprensa é um acidente de percurso. Quem migra geralmente acredita que a assessoria seja algo menor que não exige preparo. É quando a profissão não deu certo nas redações e acaba migrando para a assessoria. Particularmente, digo que isso é jurássico. O profissional de redação depende muito da qualidade do profissional que está à frente de uma assessoria. É lá que nascem boa parte das pautas e onde se tem o apoio necessário para as urgências e as investigações.

O que não sai de assessorias são pautas de acidentes, catástrofes de cunho investigativo e coberturas de eventos e plenários. Na maioria das vezes, entretanto, essas pautas têm a necessidade de uma retaguarda de um assessor de imprensa. O restante garanto que nascem nas assessorias.

Gosto do exemplo de que números são apenas números e se tornam informação quando relacionados e analisados para isso. A ciência é notícia, quando traduzida para uma linguagem acessível, assim como o "juridiquês" e o linguajar próprio da medicina. Não há mais tempos para longa horas de apuração e interpretação, assim o assessor imprensa, que tem o faro jornalístico e faz esse trabalho "braçal", é peça fundamental nesse jogo.

Não é por acaso que as televisões, principalmente, colocam no ar programas com cara de jornalismo, apresentando imagens ao vivo e fazendo comentários com suposições. É porque não se tem mais tempo para fazer jornalismo, e o que resta é fazer esse tipo de pauta vazia. Só que até isso não atrai mais a audiência. É hora de renovação, e ela passa pelo fim do 100% TV aberta e o início de uma fase de desafios para ter alguma audiência televisiva compondo até com outras plataformas. Se não fosse assim, não teríamos todas as TVs abertas já investindo e mantendo uma plataforma on-line com ciberjornalismo.

Já o próprio trabalho do Jornalista Assessor de Imprensa, muitas vezes, é visto como o de um agente operador. É o profissional que é convidado para ir até um evento da organização para tirar algumas fotos e fazer um *release*. Por falta de uma formação melhor, muitos profissionais, inclusive, submetem-se a essa operação e entendem como suficiente.

Ocorre que o profissional do *release* está ultrapassado. É necessário que essa peça exista sim, mas é só o começo de uma ação em busca da visibilidade ou da repercussão de um determinado assunto. É importante ter bem claro que a comunicação mudou e não basta colocar o *release* em um portal ou enviar para um veículo de comunicação e se dar por satisfeito com a ação.

Então, eu repito a pergunta: como escolher um bom Assessor de Imprensa? Que qualidades precisa ter esse profissional? A formação técnica na área da comunicação basta? Uma especialização é suficiente? Creio que as competências vão muito além, pois entendo que (como já disse) a comunicação passa por todas as áreas de uma organização e, por isso, é preciso conhecer planejamento estratégico, gestão e pormenores de uma instituição.

É preciso estar disposto a ter uma boa relação com todos os veículos de comunicação e conhecer bem as diferentes rotinas. É preciso estar preparado para descobrir maneiras de fazer a comunicação da organização acontecer e ter tudo muito bem planejado. É imprescindível que se trabalhe bem com as redes sociais e, muitas das vezes, com os equipamentos técnicos mesmo, como a máquina fotográfica e até a filmadora, os programas de edição (não é uma obrigação. É um *plus* que agrega valor à atividade). Essas são algumas das características, mas também é preciso que seja um ótimo jornalista para fazer florescer a pauta que dará visibilidade positiva da instituição ou seja lá o que está sendo representado.

Bom, esse profissional certamente é difícil de encontrar, então o ideal é montar uma equipe, com todas essas características, do contrário, não é possível fazer uma boa Assessoria de Imprensa.

* *

Antes de prosseguir preciso dizer que a imagem é tudo para uma empresa ou organização, principalmente aquelas com fins lucrativos. Essa imagem é construída todos os dias. É a reputação que, muitas vezes, representa o maior patrimônio da instituição. Confiança, credibilidade, apresentação, agilidade, comprometimento, eficiência no pré-venda, venda e pós-venda, são algumas das qualidades que alavancam uma empresa. Em um mundo conectado, como o de hoje, arranhar essa imagem ou destruir uma reputação é coisa que depende de pouco esforço. Assim com existe a construção de uma imagem, tem a concorrência ávida em tomar o seu lugar, principalmente explorando as falhas ou as fragilidades da concorrência.

E nada disso é novo. Lembro de uma passagem que li na autobiografia de Henri Ford, escrita em 1922, quando em plena crise econômica nos Estados Unidos, as empresas se digladiavam tentando destruir a concorrência. Ele conta que garantia aos clientes um veículo simples, de fácil manutenção e que durava bastante. Isso era a sua maior propaganda. Caso alguma dessas promessas fossem quebradas, o conjunto todo ficava comprometido. Isso é a reputação.

* *
—

Certa ocasião, voltando para casa em um voo doméstico, o piloto anunciou que haveria uma turbulência no trecho normalmente percorrido em pouco menos de duas horas. Acostumado com esses voos e com os constantes avisos de "mantenham os cintos afivelados", "permaneçam em seus lugares até que o aviso de soltar os cintos esteja desligado", fiquei tranquilo, mesmo sabendo que a aeronave voava a mais de oitocentos quilômetros por hora e, conforme o piloto anunciou, contra um vento de aproximadamente 160 quilômetros por hora. Para se ter uma ideia da cena, ventos com tais características em solo arrancam casas inteiras do chão e, nos quase 11 mil pés de altura, a aeronave lutava de frente, a 800 km/h, com a intempérie, então nada mais justo que balançar um pouco.

Mas percebi que, naquele dia, as coisas estavam um pouco piores, e a situação só se tornou mais crítica quando as comissárias de bordo pararam de servir os passageiros, recolheram os carrinhos para os compartimentos de segurança e se sentaram para afivelar os cintos. Senti, então, um deslocamento violento da aeronave. Até hoje, não sei de onde, mas acredito que tenha sido de baixo para cima, mas pode ter sido de cima para baixo, porém o que importa é que, em um microssegundo, aquilo deixou uma sensação muito estranha e desconfortável em todos os passageiros. O movimento foi seguido por uma vibração violenta de outros pouquíssimos segundos, e a aeronave foi tomada por uma gritaria de desespero. Graças a Deus, passou.

Em seguida, um silêncio pairou no ar e a atmosfera partiu de risos para olhares desconfiados e chorosos sobre as poltronas. Em rápidos movimentos para todos os lados, percebi que mãos se entrelaçaram e se agarraram firmes, cintos foram reapertados, e outra vibração tomou conta de tudo, chacoalhando inclusive o bagageiro logo acima de nossas cabeças.

Alguns balanços mais fortes e os solavancos aumentavam a tensão. Coisa incomum para esse trecho e até eu fiquei assustado. Nesse momento, percebi logo à frente da minha poltrona um cochicho choroso e contínuo. Curioso como sempre fui, passei a dar atenção e comecei a tentar entender o que a mulher de meia idade, à frente, estava dizendo. Pelo pouco que pude ver no espaço entre as poltronas, sem dar muita bandeira de que a estava espiando, vi que a mulher era alguém bem produzida, que se cuidava bem fisicamente e matinha certa postura, mas, naquele momento, estava em prantos. A imagem daquela pessoa me passava ser alguém segura de si, determinada e confiante.

Um turbilhão de pensamentos começou a passar pela minha cabeça quando percebi que ela estava orando a Deus por mais uma oportunidade de vida. Pedia para conseguir pousar em segurança e poder ver seus familiares mais uma vez, abraçar e dizer o quanto são importantes. Foi incrível como aquela pessoa se tornou devota, fervorosa e cristã em menos de quarenta minutos de voo, e isso me tocou profundamente. Verdade!

Comecei a deixar minha mente andar por outros caminhos, e uma reflexão tomou forma. Vi naquele exemplo algo que ocorre constantemente. Vi quanto vivemos em modo automático e não temos noção do presente e nem do que está nos acontecendo naquele momento. Observei que, se nada tivesse acontecido no voo, ninguém iria perceber que estávamos voando. Apenas estávamos usando a aeronave para cruzar o espaço no menor tempo possível.

A analogia nos leva à vida, ao dia a dia das organizações. Para tantas coisas, paramos de nos questionar, paramos de ver o que fazemos. Somos confiantes, fortes e determinados. Como aqui a reflexão é sobre trabalho, observo que, muitas vezes, os dirigentes de grandes empresas e instituições só se dão conta de que precisam pensar na imagem, na comunicação, no *marketing* e na Assessoria de Comunicação, quando a instituição está em colapso. Quando turbilhões de cobranças surgem da mídia, sobre pequenas coisas que poderiam ter sido evitadas com a maior facilidade.

Até hoje, não entendo como alguém, já que vivemos no mundo digital, pode acreditar piamente que é possível fazer coisas escondidas da opinião pública. Transparência não é mais uma decisão da direção. A transparência é um fato, tudo está na internet e não dá como escapar disso. Então, é preciso usar a transparência em benefício próprio.

São descuidos e descasos que tornam turbulentos os voos de cruzeiro das organizações. São eles que balançam as estruturas, fazem pessoas equilibradas, confiantes e preparadas chorarem e apelarem para todos os santos. Os desastres normalmente não passam de susto, mas chegam a comprometer o voo e fazer mudar até a rota ou até a filosofia da instituição.

Não se descarta o fim da história ser um desastre mesmo, com queda (no sentido literal), mas normalmente a turbulência nos faz repensar. O susto constrói, e o piloto frequentemente é o Assessor de Imprensa que avisa sobre os incômodos que virão pela frente. Se não é, deveria ser, e deveria estar envolvido o suficiente para perceber. O que normalmente não é o caso: mas reforço, deveria ser.

A queda não tem como ser prevista, porém dá para ter uma noção observando o conjunto. Os Diretores Executivos de grandes organizações são razoavelmente bem preparados para ouvir e para agir depois de ouvir, para ver dados, para medir impactos. Em empresas menores, familiares ou até em órgãos públicos, os gestores geralmente são pessoas que alcançam os melhores postos, por algum mérito próprio, que nem sempre passa pela formação ou pelo trabalho realizado. Estes, por vezes, deixam de enxergar e ouvir seus pares ou suas áreas.

Nessas organizações, quase sempre tudo é feito de maneira mais ou menos e tão logo acaba a gestão do indivíduo, tudo será modificado ao gosto do próximo. Isso é o amadorismo, muito presente nas organizações. E não é papo corporativo, é avaliação de muitas situações presenciei.

-

Gosto de uma analogia simples: a imagem que temos de nós mesmos, quase sempre não é a mesma imagem que as pessoas têm de nós. Nas empresas, a regra é a mesma. O que gostaríamos de ser, muitas vezes, é sabotado em pequenos detalhes que nos representam, sem que saibamos necessariamente disso. É importante que sempre tenhamos uma nova chance para rever e para fazer o certo antes das turbulências, das crises.

Em organizações, às vezes, não é possível pedir desculpas. Um produto fracassado é um produto que chegou ao fim, uma informação veiculada de forma negativa não tem como ser revertida. É igual flecha lançada ou pedra jogada: já foi.

Em tempos de redes sociais, de memes, de matérias comentadas, WhatsApp e outras tecnologias similares, é difícil revertes notícias ou melhorar a imagem de organizações ou de pessoas. Muito diferente do tempo em que o jornalista Ivy Lee iniciou a prática da Assessoria de imprensa, melhorando a imagem do milionário Alton Parker perante a sociedade de EUA. No início do século XX, a comunicação se restringia ao impresso, ao rádio e alimentava uma massa crítica bem diferente das contemporâneas.

As pessoas se relacionavam presencialmente e não havia tantas opções de produtos e serviços. Hoje, é necessário preparo para estar em público, para estar em evidência, para conviver em família, para estar inserido em um grupo. Enfim, é preciso ter equipe, é preciso ter assessoria, é preciso ter pessoas especializadas nos lugares certos e é preciso ouvir para agir de forma estratégica.

Por vezes, presenciei políticos e até pessoas públicas chorando diante das câmeras para se desculparem. A situação é idêntica à de uma empresa que se embrenha por caminhos obscuros, investe fortunas em uma ideia e não ouve quem precisa ser ouvido. Os conceitos são muitos, e os estudos nesta área também. O que é necessário é estar preparado, e isso requer estar adiantado, porque uma das poucas coisas que o dinheiro não compra é um passado novo. Então, não espere o avião da sua vida estar em perigo para lembrar de pedir ajuda. A prece no momento do desespero pode até aliviar, mas é bem provável que não irá salvar a aeronave como um todo. Ore sempre!

* *
—

Com esse discurso, quero defender mais um pouco que os profissionais de comunicação que, no século XXI, trabalham nas Assessoria, são polivalentes e precisam de muitas competências. Não basta apenas ser competente com texto, inclusive sempre lembro aos jornalistas de que texto bom é obrigação, competência é tudo que agrega valor a esta propriedade. Então, ser jornalista em uma Assessoria de Imprensa é bem mais complexo que produzir conteúdo diariamente para um veículo qualquer.

É bastante importante que quem vai para esta área também busque qualificações (MBAs, pós-graduações) em campo que o faça conhecer gestão, administração, redes sociais, *marketing*, línguas estrangeiras e tudo mais que não ocupar espaço. Todas essas competências, aliadas às teorias da comunicação, tornarão o profissional alguém necessário a qualquer organização.

As Assessorias de imprensa não são mais um espaço para ouvir e fazer. São espaços para participar do processo como um todo, planejar e criar.

2.Boca a boca

Olhar para o próprio umbigo

O trabalho de comunicação de uma organização tem que usar estratégias. A primeira orientação é deixar de olhar para o próprio umbigo e dar giro no entorno para encontrar as respostas. Na visão de Roberto Shinyashiki, na obra "Os Segredos das Apresentações Poderosas" (2012), o grande guru, ou oráculo de qualquer organização, é o público que irá consumi-la.

Aqui, entram todas as ferramentas úteis para esse tipo de levantamento. Uma das formas mais comuns é a pesquisa de opinião, realizada com técnicas científicas que produzem resultados precisos do que as pessoas pensam sobre a organização ou afins. Trata-se de observar o público-alvo e criar "personas". (Irei falar sobre isso).

Adianto que é possível utilizar meios simples de levantamento, como dar atenção ao Serviço de Atendimento ao Cidadão (SAC), Ouvidoria, e-mails do Fale Conosco, reclamações de balcão, boca a boca, "rádio Corredor", ou seja, qualquer meio que nos permita ver além do próprio umbigo.

* *
_

Sabemos que as pessoas gostam de compartilhar suas histórias e informações, principalmente sobre aquilo que está ao nosso redor. Em qualquer consulta sobre marketing boca a boca na internet, encontramos pesquisas, que entre outras questões, demonstram, por exemplo, que um adulto, em período produtivo, compartilha mais de 16 mil palavras por dia. Assim, não preciso ser um teórico e estudioso da comunicação para saber que o efeito desse boca a boca é o fator primário que influencia boa parte das opiniões das pessoas. E pessoas falam com pessoas, para pessoas, uma a uma, mesmo em uma para um milhão de pessoas a comunicação acontecer de uma para uma pessoa.

Certa vez, em conversa com um vendedor, ouvi um exemplo bem curioso sobre como funciona essa comunicação na prática. Imaginemos que você recebeu na sua casa uma dúzia de amigos que irão saborear uma cerveja gelada no seu novo espaço *gourmet*. Se tudo estiver correndo bem, aquela geladeira que enfrentou o calor do dia, as mil vezes em que foi aberta e o tempo impróprio no qual foi abastecida, se ela passar por tudo e aguentar firme com a temperatura ideal, simplesmente passará despercebida.

Imaginemos, entretanto, que esse mesmo equipamento demonstre algum tido de falha – a indignação seria generalizada. A geladeira da tal marca, comprada no carnê com doze parcelas, será a vilã do ambiente e tanto a loja vendedora, com a marca do refrigerador, serão reduzidas a impróprias para uso. Certamente, esse assunto será repetido sempre que o encontro for lembrado. O encontro foi bom, "só a cerveja que não estava gelada, por conta da geladeira fulana de tal, comprada na casa fulana de tal. Se comprar geladeira não vá a tal lugar, nem mesmo compre tal marca!"

Já para as questões positivas, existe a possibilidade de isso acontecer também. Se você trabalha com serviços de saúde, por exemplo, basta olhar a agenda do dia de um médico, que constatará que a maior parte dos agendamentos são provenientes de indicações boca a boca. Isso demonstra que a experiência humana é o testemunho ideal de que algo funciona bem.

A boa notícia é que o boca a boca pode ser construído de várias formas e a possibilidade de "viralizar" não nasce do acaso, mas pode ser produzida. Os comentários sobre sua organização podem ser projetados para serem mais virais e interessantes. Eles são criados para produzir efeitos positivos, mas também acontece naturalmente. Ser o assunto das pessoas é o desafio criativo de qualquer comunicador.

São vários os estudos neste sentido e alguns vamos abordar ao longo do texto, mas lembro que a "desinformação" também é um instrumento de comunicação, assim como o são as reuniões constantes de aprimoramento das organizações, ou até mesmo os momentos de capacitação que são utilizados para dar as boas novas da empresa.

Se eu sei que as pessoas que estão na minha empresa irão falar sobre ela, então é bom que eu as mantenha informadas, para que a informação seja clara. Lembro de quando assumi a comunicação de uma fundação que mantinha unidades escolares de educação infantil, fundamental, ensino médio e superior. Logo nos primeiros diagnósticos, constatei que não havia uma unidade de orientação e que as unidades concorriam de forma pouco saudável entre elas, mesmo pertencendo à mesma unidade, que no caso era a fundação.

Fui contratado para fazer um jornal e mostrar o que a instituição tinha de bom para todos, mas percebi que o problema era bem maior que isso. A unidade de administração propunha um projeto pedagógico interessante, baseado em princípios filosóficos e geria as unidades para que elas se mantivessem alinhadas com o projeto. As campanhas de matrículas falavam desse projeto e da qualidade do ensino, porém internamente, em cada unidade, havia uma intenção expressa de concorrerem entre si. Assim, cada uma combatia a outra unidade com histórias ruins sobre elas, sem perceberem que eram um todo e que se destruíam mutuamente.

Entre as coisas mais ruins que ouvia, era o burburinho de que a unidade tal iria fechar e que os alunos seriam repassados para outra unidade ou até outra empresa de ensino. Os pais ficavam preocupados e, por receio em vários casos, procuravam outro grupo e deixavam a fundação, além de repetir a história tantas vezes que o ápice foi a notícia de que a fundação havia falido e estava prestes a ser negociada. Nada disso era verdade, tanto que ela continua ativa, forte financeiramente e já se passou mais uma década.

Para resolver o problema, dividi o processo em etapas e parti para o enfrentamento. Expus a situação à direção e tive todo o apoio da instituição, que se interessou pela proposta, colocando tudo em funcionamento. Para a opinião pública em geral, utilizamos como ferramenta as entrevistas em veículos de comunicação abrangentes, como programas de radiojornalismo, impresso e on-line (ciberjornais).

Para o campo do corpo de colaboradores, propus diversas ações, como reuniões, cursos, treinamentos, eventos de confraternização e muitos momentos de visita em loco, para manter um diálogo estreito e claro. A ideia era agendar histórias positivas e contar olho no olho o que a instituição era e tinha de bom.

Os alunos, consumidores finais que na pirâmide da estrutura ocupa a maior parte do diagrama, passaram a receber constantes visitas, eventos, investimentos em jogos e ações que os fizessem trazer familiares, amigos e convidados na escola, para que estas fossem admiradas, comentadas. A ideia era que ativassem o modo de falar das coisas boas da instituição.

Agir em tais dimensões, com um corpo docente de mais de 700 colaboradores, 300 administrativos e mais de seis mil alunos, é algo bem complexo. Parecia ser como uma gota de água em uma caixa de areia, mas sabia que, se eu insistisse e pingasse bastante, conseguiria aumentar a umidade da caixa toda. Isso se chama resultado.

O resultado nesta instituição, depois de cinco anos de muita insistência, foi considerável. Com a verdade e a informação sempre à mão e com os investimentos sempre amplamente divulgados, somados à comemoração de cada vitória e de cada número positivo alcançado, as pessoas passaram a ver a fundação com outros olhos e nunca mais se falou em falência ou em fechamento de unidades.

A experiência com a fundação foi positiva, mas teria sido um fracasso caso eu tivesse atendido somente à solicitação inicial da administração, que era a produção de um jornalzinho para melhorar a imagem da instituição. Ou seja: não adiantaria muito se o clima da organização continuasse negativo.

Esse exemplo é algo que pode servir de baliza para alguns segmentos. Infelizmente, também tenho exemplos nos quais a situação da empresa está tão ruim, que ela não consegue se manter ativa depois de mergulhar em boatos destrutivos.

* *
—

Empresas de grande porte costumam usar estratégias de comunicação para se manter em alta no mercado financeiro, por exemplo. Basta lembrar que quando uma grande instituição, que está no mercado de ações, e vende seus títulos na bolsa de valores, anuncia que fará uma fusão grandiosa ou sinaliza para comprar uma nova marca. Resultado: quase sempre, o mercado financeiro automaticamente reage positivamente.

Para você entender que isso é construído, basta verificar a periodicidade com que os CIOs anunciam ou deixar determinadas informações se tornarem públicas. É como se sempre que o ápice de uma ação chegasse ao limite de sua exploração, houvesse uma nova história para criar um novo degrau em busca do crescimento. Funciona muito bem.

*　*

Na política, essa agenda positiva também funciona. Tive uma experiência única, que foi satisfatória e, além da intenção, contei com a ajuda da sorte, mas está valendo. Eu trabalhava como assessor de comunicação de um vereador de segundo mandato que tinha um bom trabalho e era reconhecido por ele, junto à comunidade. Destaco tais características, pois elas facilitam o trabalho, mas não são e nem foram estas boas coisas que renderam fruto, considerando principalmente que o grupo ao qual o próprio vereador pertencia é o que posso definir como um terreno complicado da experiência desenvolvida, isto é, as jogadas políticas já tinham seus personagens bem definidos.

Lembrando como a opinião pública pesa nesses momentos, o vereador queria colocar seu nome à disposição do partido para uma eleição municipal e queria ser o indicado para a candidatura ao executivo. Como a propaganda eleitoral antecipada é proibida e o único instrumento que tínhamos era o jornalismo, fizemos uma agenda de trabalho a partir do mês de fevereiro do ano anterior à eleição, para aproximar o nome do pré-candidato da opinião pública. Nessa agenda, fomos evoluindo e criamos até algumas ações interessantes, como agendamento de dirigentes de partidos com supostos convites ao vereador para uma majoritária no executivo, em outro partido.

Nesta época, a imprensa gosta desse assunto. Os candidatos não podem dizer que são candidatos. Todos dizem que são soldados do partido, e ninguém fala abertamente sobre candidatura. As regras eleitorais não permitem. Enfim, era o assunto do momento na política e as nossas ações de jornalismo tomaram corpo.

Quando falei em "sorte", eu queria dizer que foi nesse momento, já com várias ações acontecendo, que tive uma ideia, e a sorte me ajudou. Resolvi incluir um adesivo bem elaborado com a inscrição do nome da nossa cidade e complementado pelo EU SOU. A ideia nem é original, mas fiz um layout – tinha um "S" estilizado igual ao utilizado pelo vereador em sua logomarca e ainda empreguei a linguagem de cores e estilo de fontes da marca dele, em um adesivo bem bonito esteticamente falando.

Lembro de um comentário irônico de um amigo que disse: está pensando que o vereador agora é alguma "Coca-cola", que alguém vai reconhecer esse símbolo e fazer a ligação entre uma coisa e outra? Eu fiquei pensando nisso e até dei razão para ele, mas eu gosto da ideia de ter várias frentes com um mesmo objetivo, então seguimos o plano.

Em poucos dias, conseguimos colocar mais de duas mil unidades do adesivo em veículos de simpatizantes ao projeto, em toda a cidade. Isso significava cerca de 0,005% do público total, portanto não representava nada. Faltava a cereja do bolo.

Por puro acaso e despreparo do adversário, o adesivo tomou proporções. Um veículo de comunicação de amplo alcance local fez uma matéria denunciando a campanha antecipada, e adversários passaram a comentar o nome do vereador, confirmando sua potencial candidatura e destacando a força de sua indicação.

O assunto ganhou páginas, espaço no rádio e espaço na TV. De fato, não havia nada que ligasse o nome do vereador ao adesivo, a não ser a interpretação subjetiva do "s" que fazia alusão ao utilizado na logomarca do vereador. O que fez com que o adesivo se tornasse um instrumento de comunicação. Logo, foi a imprensa que deu a notícia seguidas vezes.

Mesmo sem estar evidente que aquilo se tratava de uma campanha do candidato em questão, a repercussão provocada pelo adversário, levou a uma denúncia no Tribunal Regional Eleitoral. Como o TRE aceitou a denúncia para análise, o assunto rendeu dezenas de matérias e, por fim, uma bela multa por suposta intensão de propaganda fora de época, no valor de 25 salários mínimos. Na minha opinião, injusta, mas, àquela altura, a cidade inteira conhecia os nomes dos pré-candidatos e começava a se definir.

Pensa só, com 25 salários mínimos, mais meio, gasto para fazer a campanha, atingimos quase um milhão de habitantes e conseguimos colocar o nome do vereador entre as preferências das intenções de votos para chefe do executivo nas futuras eleições. O nome ficou tão evidente que, entre os pares e concorrentes, todos os davam como certo. Todas as pesquisas apontavam seu nome.

Essa foi a nossa vitória, foi o ápice da nossa campanha barata. De fato, no entanto, o partido era tão corporativista que já tinha seus nomes agendados e programados, seguindo uma ordem de sucessões que se iniciou na vereança, passou pela prefeitura, chegou ao senado e ao governo do estado.

Resultado: bancaram o nome da bola da vez, desrespeitando a voz do povo e foram para a disputa final contra outros quatro nomes de outros partidos. O resultado foi desastroso, perderam terreno para uma "zebra" que estava no lugar certo, na hora certa, e a eleição inteira foi uma tragédia para o partido e para o grupo. Sem contar para a população, que depois sofreu por quatro anos com um prefeito que não dava conta do recado e que acabou sendo caçado, dando lugar a outro desastre que foi acusado de saquear a cidade.

O que ficou dessa ação foi a minha satisfação em ter feito a pré-campanha mais barata da minha história de assessoria de comunicação e ter alcançado tão altos índices. Foi um viral, que ganhou o boca a boca.

* *
—

Acredito que esses *insights* nascem do conhecimento que temos sobre a empresa, a instituição ou o assessorado, e que é possível, olhando para dentro (para o próprio umbigo) explorar bem o boca a boca, encontrar soluções e respostas interessantes para as necessidades. Depois, é colocar o barco para andar e, ao longo do percurso, ir arrumando os furos ou acertando a vela da embarcação.

3. Pensar fora da caixa

Sair da zona de conforto e agir mais

O jornalista precisa se atualizar, constantemente, ter visão empreendedora, procurar atender aos diferentes grupos sociais e às suas respectivas necessidades na contemporaneidade. Estou sempre em busca disso. Todos os dias, aprendo algo novo, anoto, analiso, coloco em prática, insiro nos meus projetos. Estou sempre tentando reinventar a roda.

Na minha visão, o jornalismo revolucionário e questionador, na essência, não muda, mas tem mudado a forma como as pessoas se informam e a necessidade de cada um em termos de o que consumir no mundo da comunicação.

Por isso, é fundamental ao jornalista, estar sempre se questionando sobre as pautas e seus procedimentos. Sair do comum, pensando fora da caixa, é um sinal de maturidade intelectual e emocional. O termo "pensar fora da caixa" vem do ato de exercer autonomia de pensamentos, ter um senso crítico apurado e ter compreensão do mundo a ponto de questionar o que está posto.

Nesse mundo de comunicação, é importante lembrar que não basta fazer o que tem que ser feito, fazer aquilo que se viu na literatura e seguir bons exemplos já demonstrados. É preciso mais que isso: é preciso fazer, analisar, reparar. Trata-se de um processo que se realimenta todos os dias, que cria um corpo de conhecimento próprio, que produz chuva de possibilidades.

Nós nos acostumamos com a linha de ações e pensamentos, por diversas questões, entre as quais, está o fato de nos ser cômodo o ato de repetir padrões. Para algumas personalidades, isso basta. Para outras, é extremamente complicado. Então, quando se fala em rotina de trabalho e procedimento na comunicação, eu sempre lembro que cada caso é um caso e não podemos tratar tudo como a mesma receita.

Definir estratégias de comunicação

Mais do que querer ser comunicação é ser comunicação estratégica. Aqui, eu tenho que entrar um pouco no mundo da Publicidade e Propaganda, tomando alguns conhecimentos para pode criar significado à ideia. No final, você verá que é comunicação e pronto. O que está posto é sempre essencialmente importante para o jornalismo.

Para atender a essa especificidade, podemos usar o conceito de "Mix de Marketing", que é uma combinação de ferramentas estratégicas usadas para criar valor aos clientes e alcançar os objetivos das organizações. Para o Kotler e Armstrong (2007), um programa de *marketing* eficaz combina todos os elementos do mix de *marketing* em um programa integrado.

Segundo Marcelo Piragibe Santiago (2008), o mix de marketing descreve as atividades associadas ao papel desempenhado pelo *marketing* dentro da organização. De certa forma, todas as decisões e ações associadas com *marketing*, dentro de uma empresa, estarão relacionadas ao que definem os autores como 4Ps, que em uma simples adaptação para nossa compressão, fica assim:

Mix de Marketing está diretamente ligado a Produtos, Preços, Promoção, Praça, sendo: Produtos: variedade de produtos, qualidade, design, características, nome de marca, embalagem, tamanhos, serviços, garantias, devoluções; Preço: preço de lista, descontos, concessões, prazo de pagamento, condições de financiamento; Promoção: promoção de vendas, propaganda, força de vendas, relações públicas e *marketing* direto; Praça: canais, cobertura, variedades, locais, estoque e transporte. Tudo isso passa pelo que se define Mercado-alvo.

Para entender melhor essa associação de ideias de mercado, produtos e a comunicação, vamos compreender profundamente como os teóricos definem o que é produto, para então compreendermos o que vem a ser essa análise no seu todo.

De acordo com Kotler e Armstrong, (2008), produto é definido como algo que pode ser oferecido a um mercado para apreciação, uso ou consumo, e que pode satisfazer a um desejo ou uma necessidade. Produtos incluem mais do que apenas bens tangíveis, incluem, ainda, objetos físicos, serviços, eventos, pessoas, lugares, organizações, ideias ou um misto de todos esses exemplos já citados.

Produto, para os especialistas em *marketing*, é o primeiro elemento que constitui os quatro Ps: Produto, Preço, Promoção e Praça:

> Produto é um conjunto de atributos básicos montados em uma forma identificável. Cada produto é identificado por um nome descritivo (ou genérico), normalmente compreensível, tal como aço, seguro, raquetes de tênis ou entretenimento. Características como marca e serviço pós-venda que apelam para a motivação do consumidor ou os padrões de compra, não desempenham um papel nessa interpretação estreita. (ETZEL, 2001)

Refletindo sobre todas essas questões, podemos visualizar de forma clara que, para definir uma estratégia de comunicação, precisamos estar presentes em todas as etapas do processo, bem como temos que usar de técnicas e conhecimento para tornar essa comunicação eficiente.

Recorro aos ensinamentos de Leonardo Bustamante Oliveira, que fala de boas práticas do gerenciamento dos processos de uma cadeia produtiva e define que um produto é composto por cinco níveis. Cada nível agrega valor para o cliente, e os cinco níveis juntos constituem a hierarquia de valor para o cliente. Para Kotler e Keller (2006):

> O nível fundamental é o benefício central. Nele encontra-se o serviço ou benefício fundamental que o cliente está comprando. Exemplo, quando me hospedo em um hotel, o benefício central é o descanso naquela determinada noite.
>
> No segundo nível, está o produto básico. Exemplo, no hotel, o quarto inclui cama, banheiro, toalhas, etc.
>
> No terceiro nível, está o produto esperado, que se trata de atributos e condições que os compradores esperam ao comprar o determinado produto. Exemplo, hotel com cama arrumada, toalhas limpas, etc.
>
> No quarto nível está o produto ampliado, ou seja, aquele que ultrapassa as expectativas do cliente. Exemplo do hotel, além de ter todas os itens já mencionados, utilizar as toalhas e fazer "esculturas/obras de artes" com as mesmas, bombons no quarto para recepção do hóspede, etc. Muitas vezes o posicionamento da marca se dá nesse nível. O último nível, o produto potencial, que é aquele constituído por todas as transformações e modificações que o produto pode sofrer no futuro.

Para o teórico Theodore Levitt, que muito antes de Kotler (2006) já havia construído um conceito de produtos e serviços utilizados até hoje, vale lembrar que os produtos também podem ser classificados em genérico, esperado, aumentado, potencial e industrial, sendo: Genérico, é o produto em si, o real benefício que o cliente está comprando; Esperado, é o produto com as condições mínimas esperadas pelo comprador como negociação nas condições de entrega, entre outros; Aumentado, é o produto em si mais o esperado, adicionando algo que o comprador não esperava; e Potencial, é o produto genérico mais o esperado, mais o aumentado e com mais características que facilitem na fidelização do cliente.

Classificar tudo como produto e tirar da classificação a melhor interpretação e o melhor produto é, sem dúvida uma missão audaciosa, mas se você considerar essas teorias, pode utilizar os ensinamentos para melhorar a imagem da empresa ou instituição, pode utilizar para criar um produto ou para realizar um evento. Afinal, tudo é produto, e todo produto precisa ser consumido.

4. Designer de Eventos

A experiência no ato de ir a algum lugar ou comprar algum produto

Antes de chegar a uma estratégia, vou começar a colocar algumas questões que são de suma importância para se pensar em um produto ou um em uma organização como produto e dela extrair o necessário para coroar o produto de algo notável e com potencial.

Vamos começar pelo conceito de "Experiência". Você já se perguntou, por que a maior parte dos eventos dos quais participamos nos dão uma pasta para colocar folhas no formato A4, bloco e caneta? Por que quase todos os eventos são enfadonhos e, em 99% (estatística própria), o tempo das palestras não coincidem com o planejado e publicado na programação?

Antes de colocar a minha opinião sobre esse assunto, vou destacar o que penso acerca dos resultados dessas catástrofes. Volto a dizer que é minha opinião, você pode acompanhar o meu raciocínio ou não, mas o que geralmente eu destacaria como uma resposta para a pergunta mais comum, após um evento assim:

- Com foi o evento?

- Foi ótimo, mas cansativo, longo e a melhor palestra foi a mais rápida. Eu queria ter visto mais sobre o assunto, mas como estava tudo atrasado, por conta das outras palestras, não deu tempo de perguntar nada. O pior é que na hora dessa palestra, que foi a melhor, já tinha pouco gente para assistir. Que dó.

Ou seja: a experiência, que era para ser positiva, foi totalmente negativa.

Vivemos em um mundo digital, no qual as coisas acontecem muito rapidamente e não há mais motivos para segurar pessoas em longas e subsequentes palestras. É preciso pensar na experiência de quem estará lá. É tão somente para quem está lá que realizamos qualquer evento.

--

Em uma consulta rápida na enciclopédia Wikipédia, considerando que estou diante da tela de um computador e não preciso mais do que a descrição do que é uma experiência, posso afirmar que

"experiência é o contato epistêmico (geralmente perceptual) direto e característico com aquilo que se apresenta a uma fonte cognitiva de informações (faculdades mentais como a percepção, a memória, a imaginação e a introspecção). Para alguns filósofos (Descartes, por exemplo) aquilo que se dá a qualquer uma dessas faculdades é experiência (embora ele não utilize essa palavra, mas sim a palavra pensamento).

A experiência não é produto do seu conteúdo ou insumo, o experimentado, nem se reduz à experimentação do experimentado. Ela é o contato direto com certo conteúdo no modo característico de se dar à experiência desse conteúdo. Ao olhar para a tela do computador, cada um tem a experiência característica de uma tela de computador. Ao olhar para a grama, experiência característica de grama. Ao tomar vinho, experiência característica de vinho". (https://pt.wikipedia.org/wiki/Experi%C3%AAnc ia_(filosofia))

E assim por diante.

O que eu quero destacar é que ter uma experiência é ter de fato vivido uma realidade unitária, e essa experiência se somará a outros fatores que o farão amar ou odiar o que viveu. Sem entrar no campo da ciência da neolinguística, quero dizer que você precisa pensar em quem vai a um evento ou compra um produto, por mais simples que seja, gratuito ou de suma importância, é preciso que exista público na plateia ou consumidores para o produto.

Já imaginou se os filmes não tivessem evoluído em formato e argumento? Será que alguém estaria lá assistindo. Como seriam as salas de aula se ainda mantivéssemos o formato da década de mil e novecentos e alguma coisa? Tudo precisa evoluir e evolui, mas para quem trabalha com comunicação, para cada um evento de uma boa experiência, se somam outros mais de vinte catastróficos.

A esta altura você já deve ser se perguntando por que nós estamos falando de evento, sendo que nosso tema é a Assessoria de Comunicação. Bom, volto a dizer, tudo está interligado e tanto o evento, como a boa experiência do público, tem muita função dentro do trabalho de uma Assessoria. Vamos falar disso adiante.

Inicialmente, vou me restringir a falar de eventos, considerando que fica mais fácil, mas dê atenção para o sentido de produto no exemplo também. Vamos lá, por que alguns eventos dão muito errado? Primeiro, talvez, porque nem sempre são pessoas especializadas que realizam os eventos nas empresas e instituições. É bem diferente de um grande evento que é organizado por uma equipe, geralmente especializada em seguimentos como congressos, workshops, casamentos, lançamentos, shows, corridas e outros.

Nas instituições, muitas vezes, a direção tem uma bela ideia e coloca alguém para organizar. No meu mundo, sempre é assim. Sei que não é no mundo de todos, mas isso acontece. Fatalmente, um dirigente do alto escalão da empresa resolve ser o "criador do evento", chama a secretária mais próxima, para cumprir literalmente aquilo que ele quer, não interessa o que a área competente para a realização do evento venha a sugerir.

Saio do campo empresarial, para te dar um exemplo comum desse tipo de "experiência negativa". Muitas pessoas ainda sonham com uma festa de casamento perfeita, dos sonhos mesmo. O primeiro erro comum que cometem, ao contratarem os organizadores de evento, é levar a mãe junto.

O ideal é a presença do casal ou, se quiser algo mais eficiente, que vá somente um dos membros do casal. De preferência aquele que opina mais, que tem mais interesse pela festa. É essa pessoa que vai passar o que sonha, o que quer, e só assim, a organização irá conseguir captar a essência dessa experiência e fazer a proposta. Vai conhecer um pouco do que é o público e participar da orientação para o evento. Normalmente, quando a mãe fica conhecendo o projeto, depois de elaborado, faz mil críticas, porque esquece que o casamento não é dela, mas sim da filha ou do filho.

E me diga, em quantos casamentos, aniversários e festas formaturas chatas você já foi? Para quem as realiza, é um momento único e especial, mas para que está presente, é mais um momento e a experiência vai ser chata se a organização não considerar o público presente.

Quem disse que tem que ser tudo igual? Quem disse que você não pode inovar nos detalhes? Quem disse que o evento para ser bom, tem que ser longo? Quem disse que, em palestras, congresso, seminários e afins, tem de oferecer pasta para colocar folhas de A4?

Acho que chegamos onde eu queria chegar. É assim: você vai a um lugar e volta de lá falando da sua experiência. É dessa experiência que depende o que foi assimilado do evento.

E quando falo de experiência, não estou falando de coisas caras, às vezes, falamos de reorganização do evento e de detalhes que estão presentes na programação normal. Minha argumentação toda aqui é baseada em uma oficina que fiz com Mariana (Mari) Camardelli, e que foi uma experiência positiva para mim, tanto pelo conteúdo, como pelo brinde artesanal que levamos para casa.

_

Considere todo esse conceito e agora vamos falar de um produto. Eu me lembrei uma experiência que tive com uma camiseta que ganhei da minha amada esposa Luzia Kuntzel. Aparentemente igual qualquer outra, o corte tradicional, a cor preta (que usualmente eu gosto), a gravura discreta e bem elaborada, mas o que tornou o produto uma experiência única foi o toque do tecido.

Incrível, o tecido era de um tato completamente diferente e novo. Gostei tanto da camiseta que mesmo tendo sido um dos muitos presentes que ganhei da minha esposa, e isso já tem alguns anos, a experiência ainda é um assunto na minha vida. Curiosamente, essa camiseta era um produto vindo de um evento anual de automóveis e o produto tem o logo de uma marca famosa que vende os melhores carros do mundo (em minha opinião, e não vou falar qual é marca). O tecido deve ser de uma nova tecnologia, escolhido para ter esse impacto. Quer coisa melhor que promover essa experiência? Ter seu produto como comentário, como assunto, mesmo depois de alguns anos?

Então, ao elaborar um plano para evento, considere as pessoas que estarão lá e veja o que você pode proporcionar para elas, sempre pensando na sua estratégia de negócios, em quem a sua instituição é e em qual objetivo quer alcançar.

Pensando a estratégia

Quando falamos em estratégia, temos que lembrar que toda instituição precisa ter bem claro: Missão, Visão e Valor. São estes elementos que irão orientar o caminho que se busca como resultado de qualquer estratégia. Assim, pode ampliar o entendimento de que, para haver uma estratégia, é preciso que sejam definidas ações que consequentemente precisam ter resultados. Destes se tira aprendizado, propõem-se melhorias e voltamos a realimentar outra estratégia, então o ciclo segue em espiral.

Lembro que, na literatura, o tripé dos elementos que direcionam uma empresa ao seu objetivo fim – definidos em missão, visão e valores – já são conceitos ultrapassados, que estão sendo substituídos por questões relacionadas ao que uma empresa realmente pode fazer pelo seu cliente e quanto de retorno terá sobre isso. A versão antiga, porém, ainda pode balizar a nossa discussão, considerando que, na essência, não mudou nada.

Missão, visão e valores não podem ser apenas palavras bonitas, pensadas para colocar no site ou na entrada da empresa para impactar a concorrência e o cliente.

O tripé precisa ser sentido e vivido pela organização com um todo.

É importante fortalecer união em torno dos princípios da instituição, identificar e disseminar as causas, unificar o discurso em defesa dos princípios e das prerrogativas da organização, bem como alinhar as mensagens e os propósitos. Assim, a estratégia ganha corpo.

5. Síndrome do Impostor

Às vezes, eu me pergunto se sou mesmo capaz de dar essas sugestões, assim como me pergunto sobre o que estou fazendo ao escrever este livro. É como se isso não importasse, até porque hoje tudo está no Google e, se não estiver, não existe e, se não existe, não é capaz de ser mudado, assim por diante. Sentir-se assim tem uma explicação: é a síndrome do impostor.

Parece que eu não deveria fazer isso, considerando que todos sabem de tudo, e tudo já está escrito em algum lugar. Sempre gostei de ler coisas assim, de pesquisar curiosidades e vejo que, de maneira geral, nada é algo novo quando não é do campo científico. Só que pode ter certeza de que a minha experiência é diferente da sua e que, com certeza, é diferente do próximo que está perto de você. Doideira isso, mas geralmente funciona assim.

Bom, o que fez eu escrever sobre isso é que, mesmo sem ser profissionalmente organizador de evento, eu uso ações dessa natureza como instrumento de comunicação, que rendem belíssimas matérias jornalísticas (vou falar disso adiante). Ao longo dos anos, devo ter realizado bem mais de uma centena de eventos.

Além disso, apenas neste mês (estou escrevendo em março) três pessoas que estão realizando eventos na instituição que trabalho me disseram: "nossa você é mais criativo que eu para essas coisas". Claro que não estou aqui achando que sei mais do que qualquer um deles, nem que sou bom nisso, mas tenho certeza de que tenho uma preocupação com os eventos exatamente por conta de serem parte das estratégias da instituição e geralmente rendem mídia, além do principal: um boca a boca grande (já falamos disso antes).

Desde que entendi que, na Assessoria de Comunicação, os eventos são um instrumento muito bom de divulgação, fui além do que a disciplina de Assessoria de Imprensa me ensinou na universidade. Procurei saber sobre isso em várias áreas do conhecimento, portanto sempre leio e observo bastante. Já investi dezenas de reais em cursos de gestão e comunicação nos mais diversos segmentos.

O que acontece, muitas vezes, é que são estas pessoas responsáveis pela realização que se dizem criativas, que sabotam a possibilidade de bons eventos acontecerem, sem os tradicionais vícios de falta de planejamento e falta de consideração para o público presente. Lembre-se de que tudo é uma "experiência" para quem participa e, como tal, precisa ser uma experiência boa.

E atenção: destaco e afirmo para quem tem dúvida ou para você, colega jornalista, que está lendo isso e que, mesmo trabalhando em uma Assessoria de comunicação, acredita que não deva participar da elaboração de um evento. Digo que qualquer coisa que envolva seu assessorado é assunto seu, considerando que a imagem que você está sempre construindo ou mantendo é resultado de tudo que se faz na empresa. Portanto, fique atento!

Seja protagonista da sua história, busque se desafiar, seja um profissional mais generalista. Você não vai perder espaço, pelo contrário, você será um profissional sempre mais competitivo. Se você é estagiário, não seja só um estagiário que espera ser comandado, faça mais, faça tudo que puder, aproveite que a maior parte das pessoas não faz nada além do necessário e verá que as portas vão se abrindo.

Se você está mais adiante na carreira e ainda acredita que a profissão está difícil, mude um pouco a maneira de ser e de fazer as coisas. Reaprenda, procure lançar-se no processo e será um profissional bastante feliz com o Jornalismo. Existem profissionais de todos os tipos, em todas as áreas de formação. Observe o que fazem os bons exemplos. Enfim, nada a ver falar sobre isso aqui, mas o mundo é feito de pessoas e pessoas são diferentes. Observe.

Designer de serviços

Quando o assunto são os eventos, foque nos detalhes. Detalhes especiais como o tempo de banheiro, o tempo para servir um café ou uma bebida. O espaço de participação no evento e seus desdobramentos, como acontece a circulação das pessoas antes e durante o evento, ou durante o intervalo. Caso o evento seja de maiores proporções, lembre-se da chegada das pessoas, como elas agirão na chegada, como se comportarão durante o evento e quais as "experiências" boas que você oferecer.

Vou para um exemplo macro que vivi e que serve de inspiração sempre que penso na realização de um evento, por menor que seja. Foi uma experiência incrível, a melhor de todas as que tive na vida em termos de show e recomendo. Rock in Rio, realizado em 2017, no Rio de Janeiro, foi a minha experiência de evento mais planejado que já conheci.

A chegada de 100 mil pessoas não impactou na circulação e tão pouco a saída. Assim como o uso dos sanitários, tanto masculinos como femininos, foram sempre uma boa e tranquila experiência. A boa circulação no espaço, todo limpo e preparado para, inclusive, o chão servir de local para sentar, deitar ou até mesmo ficar em pé.

Encontrar um local para comer ou alguém para servir uma bebida era o tempo de olhar em volta, de se dirigir até lá e efetivamente realizar o intento, sem precisar enfrentar longas filas e estresse. E sim, estamos falando de um evento com 100 mil pessoas e uma programação intensa que se iniciou às 15 horas e finalizou perto das 5 horas da manhã. Resumo: designer de serviços e de eventos. Tudo pensado, personalizado para esse público. Difícil? Eu digo que não, mas também não é tarefa fácil, precisa de um estudo antropológico para definir a persona ideal.

Você dever estar se perguntando, eu estou lendo um livro sobre realização de evento ou de comunicação? Novamente, eu digo que você está lendo um conteúdo sobre comunicação, porque se o evento der errado, não tem como fazer uma boa comunicação sobre ele. E para ele ser um bom produto de comunicação, não pode dar errado.

Dependendo do que você está fazendo, pode ser que um evento represente uma ótima solução de comunicação. Pode ser um encontro de áreas para melhor a comunicação interna. Um encontro com fornecedores da empresa. Um evento com clientes, uma visita, qualquer coisa. O sucesso disso tem que ser bom. Se não for, a comunicação dele jamais será boa também.

Pensando somente na parte do jornalismo, tenho uma metodologia própria para planejar a minha ação de assessoria que, em resumo, é a divulgação inicial do evento, a realimentação dela se necessário, a cobertura do evento e um conteúdo pós evento. Por outro lado, tenho bem claro que essa receita é uma linha grosseira de ação de trabalho, considerando que gosto de detalhar profundamente todas as ações e que, entre elas, está o alinhamento total com o que será o evento.

6. Definir ações

No âmbito geral, definir uma ação é algo simples: basta propor e executar. Entretanto, gosto de lembrar que algo só está realizado, quando realmente foi concluído e entregue, portanto, propor ação, por si só já é uma ação, mas a execução é que definirá uma atividade realizada. Vamos imaginar que temos como necessidade melhorar a imagem de uma determinada organização. Depois de todas as análises e avaliações realizadas, passamos a propor ações, que podem ser, por exemplo, produzir um *release*. Pronto, a produção do *release* é uma ação.

A ação pode ser algo mais complexo, como realizar uma coletiva de imprensa. Nesse caso, haverá diversas outras fases e ações envolvidas, que vão desde a preparação do porta-voz, passam pelo envio de convite à imprensa, *follow up* até a preparação do espaço para a coletiva, que precisa ser em local apropriado.

Também podemos exemplificar como algo não palpável, como um plano de ação continuada, que se desdobra em diversas ações diferentes e a longo prazo. O que importa é definir as ações, montar um cronograma e realizar. E dentro das ações, precisamos lembrar que tudo que se faz para a comunicação deve estar alinhado com a equipe de realização do evento.

Cronograma

Sabe aquela historinha de a comunicação ser convocada, sempre de última hora, para fazer uma "foto" e depois produzir alguma coisa sobre o acontecimento. Sei que se você que está lendo isso e trabalha em uma Assessoria de Comunicação, sabe bem do que estou falando e adianto: isso é péssimo para a reputação da própria assessoria, principalmente por conta de que a equipe da comunicação é que normalmente deve saber se a ocasião pode proporcionar algo mais que um registro fotográfico e de texto.

Muitas das vezes, esses eventos estão diretamente ligados ao plano estratégico e as áreas não se dão conta. Por isso, é bom criar uma cultura de verificação ou de alinhamento com a administração, a fim de que nada seja por acaso. Com a agenda na mão, você pode avaliar se precisa de uma matéria pré evento, durante o evento e pós evento. Na maior parte dos casos, é possível explorar o assunto nos três tempos, sem se tornar repetitivo.

Lógico que existem casos em que isso não é possível, mas é muito melhor ser assim, precavido, do que perceber, no evento, que você poderia inclusive ter convidado uma equipe de televisão, por exemplo. Também existe a possibilidade de ter jornalistas no evento, e você ser o último a saber da pauta. Enfim, é preciso saber, e isso só acontece de forma saudável quando a assessoria está alinhada com a administração ou com os realizadores dos eventos.

Áreas são clientes da comunicação

Antes de entrar propriamente na questão de que as áreas são clientes, precisamos conceituar o que é um cliente.

Com origem no latim "cliens", o termo "cliente" faz alusão à pessoa que tem acesso a produtos ou serviços por intermédio de pagamento. A divisão teórica é muito maior e mais significativa, porém para este raciocínio basta entender o conceito de cliente como sendo sinônimo de alguém que compra o produto, ou de pessoa que utiliza o serviço, ou consome produtos e serviços.

Assim, podemos conceituar que a área de comunicação de uma organização tem dezenas de clientes dentro e fora da empresa ou instituição. Cada uma tem sua necessidade, e a comunicação precisa ser capaz de distinguir e atender cada área individualmente, sempre considerado o todo. Muitas vezes, nos pequenos "clientes" internos ou até em uma demanda externa, conseguimos grandes estratégias de comunicação, indiretamente, mas que têm um efeito direto e bastante positivo para imagem da organização.

Ocorre que o cliente não é capaz de ver o que os olhos preparados da comunicação veem, ou até mesmo, os interesses dessa área, em geral, não fazem referência alguma a produzir *marketing* sobre aquilo que estão desenvolvendo com tanta eficiência. Vale lembrar que, mesmo com um planejamento estratégico bem definido, podemos produzir novas possibilidades, simplesmente observando.

Nível Pastelaria

Solta um pastel de queijo... mais dois de carne. Outro de pizza... Estas frases soltas são uma combinação do que acontece no balcão de uma pastelaria durante um dia de expediente e vendas rápidas. O que não pode é acontecer algo assim na comunicação de uma empresa ou órgão público. Mesmo na pastelaria, só a fritura é realizada no último momento, o restante do preparo todo é planejado com antecedência.

O público consumidor de pastel é bastante diversificado e numeroso. Assim, podemos considerar que mesmo a matéria-prima sendo similar, o recheio requer estratégia. Enfim, a comparação é só para entender que uma Assessoria de Comunicação não deveria receber demandas extraordinárias, pelo menos não em uma parcela muito grande de suas vezes solicitadas.

Acontece que, em muitas empresas ou órgãos públicos, somente no momento da execução de determinados assunto é que alguém lembra que tudo precisa ser comunicado. Essa é uma das questões, a outra é que é só a comunicação que irá saber o que fazer com aquela informação. Muitas informações importantes, que renderiam espaço em mídia de forma espontânea são tratadas de forma superficial e, assim, a comunicação perde uma possibilidade agir positivamente.

E para piorar, dependendo da empresa ou do órgão público, outras assessorias se aproveitam da situação e fazem bom uso da falha. Exemplos não faltam, mas fazendo um estudo de cada caso, o veredito é sempre o mesmo: não envolveram a comunicação.

Nível especialista

O telefone da comunicação toca e alguém do outro lado da linha afirma: "O presidente pediu para fazer uma foto aqui e depois escrever umas coisinhas sobre a reunião", ou "Anota aí: hoje tivemos a visita de Sr. Fulano de Tal que visitou as instalações e irá levar como modelo de negócio para negócio dele", ou "Faz um cartaz dizendo que teremos um mutirão amanhã e coloca no mural para todos saberem", ou "Hoje à tarde teremos uma palestra com o especialista Beltrano de Tal, e você precisam fazer uma matéria", ou "Saiu uma matéria negativa sobre nós no jornal tal. Liga lá e fala que não estão certo. Diga que o aconteceu foi outra coisa".

Isso é comum nas instituições, principalmente naquelas em que a gestão é ditatorial e verticalizada, baseada na hierarquia, com decisões tomadas somente pelos superiores, nas quais os funcionários não tem nenhuma autonomia. É mais difícil ser eficiente nesse tipo de organização, embora sempre haja espaço para construção de um bom trabalho.

O que quero mostrar, aqui, é que, mesmo que a instituição seja assim, não deixe de atender a administração no formato "pastelaria", porém, em paralelo, construa uma gestão baseada em resultados, mensurando e planejando. Mostre, demonstre.

É preciso sempre encontrar maneiras de mensurar as ações. Por exemplo, quando disparamos um *release*, é importante que se faça um *clipping* criterioso para saber se o conteúdo foi reproduzido. Caso a ação tenha sido o convite para uma coletiva, a mensuração pode ser o número de repórteres ou veículos que compareceram.

Se for algo maior, podemos somar tudo isso, "centimetrar" as matérias, mensurar o tempo de rádio e televisão que se conseguiu. Importante é ter medidas, positivas, negativas ou comparáveis. Essa é a teoria e ainda serve como algo bem positivo, embora seja difícil de fazer isso sozinho ou com equipes reduzidas.

Todas as organizações buscam resultados. Um bom trabalho de Assessoria de Imprensa, diminui vertiginosamente os custos de divulgação publicitária. O nome da instituição sempre pode ser envolvido em assuntos jornalísticos, de maneira positiva, portanto basta criar essas possibilidades.

Aprendizagens (*Feedback*)

Primeiro, vamos falar um pouco sobre os resultados como um instrumento de aprendizado. Após uma ação, com os resultados em mãos, é hora de fazer uma verificação de tudo. Em vários casos, é bom marcar reuniões, lembrando que elas, às vezes, são maçantes e, em outras, tornam-se repetitivas, porém, se conduzidas de forma objetiva, são muito produtivas.

Em cada ação, é possível perceber algo que precisa ser corrido, algo novo acontecendo nas redações, ou novidades por conta das plataformas digitais, por exemplo. Construa uma aprendizagem com cada ação e deixa anotado em uma planilha. Caso não seja possível se reunir com ninguém, faça as suas anotações e leia antes de qualquer outro evento.

Melhorias

Com as ações realizadas, os resultados em mãos e o aprendizado construído, é hora de se concentrar em planejar estratégias novas, com novas propostas, que podemos definir, aqui, como melhorias. Lembro de uma máxima atribuída a Augusto Cury – "Uma pessoa inteligente aprende com os seus erros, uma pessoa sábia aprende com os erros dos outros". Então, com todos os resultados nas mãos, você tem as duas possibilidades: a de não aprender com os erros e de não repetir mais os erros já cometidos. Sendo assim, vale dedicar tempo para um plano melhor, com novas estratégias e novas ações sempre, mesmo que o assunto no futuro seja algo novo. Planejar para medir, medir para melhorar.

Criar possibilidades

Conhecendo o seu público e como a imprensa responde às demandas da Assessoria da organização, fica fácil propor ações que se tornem notícia por conta do próprio fato.

7. *Marketing* e Assessoria de Comunicação

Convido você a filosofar um pouco. Sendo responsável pela Comunicação Social da organização, o profissional da área faz o *marketing* da empresa. *Marketing* encontra suas "raízes" no decorrer da história da humanidade, em mercado, mercadologia e outras. O termo *marketing* é derivado da palavra em inglês derivada do *market*, que significa mercado. Ou seja, está associada ao próprio mercado, portanto o *marketing* é fundamental desde o início do processo de qualquer produto ou serviço.

As organizações que conseguem se destacar no mercado em tempo de redes sociais, precisam utilizar estratégias de comunicação diferenciadas. Assim, os profissionais do *marketing* distinguem o *marketing* em estratégico e operacional.

O primeiro tipo – *marketing* estratégico – é relativo às funções que precedem a produção e a venda do produto. Inclui o estudo de mercado, a escolha do mercado-alvo; a concepção do produto; a fixação do preço; a escolha dos canais de distribuição e a elaboração de uma estratégia de comunicação e produção.

Já o *marketing* operacional: designa as operações posteriores à produção; tais como a criação e o desenvolvimento de campanhas de publicidade e promoção; a ação dos vencedores e do *marketing* direto; a distribuição dos produtos e o *merchandising*; e os serviços pós-venda.

Considerada essa distinção, o ideal é começar qualquer coisa nova com estratégias, entre elas, destaca-se a importância da pesquisa de mercado. Existem dezenas de ferramentas que atendem à necessidade da simples consultas, mas, se necessário, vale até um investimento em pesquisa científica. É bom consultar o consumidor e, mais aconselhável ainda, ouvir a concorrência. É como diz a máxima: "o inteligente aprende com os próprios erros, já o sábio aprende com os erros dos outros". Assim, de posse das informações, pode-se mapear um produto e criar estratégias.

É como se preparar para um jogo e investir em treinamento e investigação sobre o adversário. No mundo comercial essa técnica também é utilizada para uma mesa de negociação, por exemplo. Assim, quando o produto chegar à produção, estará otimizado e tem grande possibilidade de ser bem-sucedido junto ao consumidor. A prova final é o grande público, mas, sem dúvida, é bem difícil dar algo errado quando as possibilidades foram avaliadas. É a mesma máxima do evento e da experiência. Aqui, cabe a experiência também.

Relação com os meios de comunicação

Entre os principais objetivos de uma Assessoria de Comunicação em qualquer organização, podemos destacar a necessidade de se criar relações com os meios de comunicação para tornar a organização fonte de informação.

Para isso, tenha sempre um bom porta-voz que represente a instituição, que seja conhecedor profundo de tudo e que tenha boa desenvoltura para lidar a imprensa. De preferência que seja o presidente, diretor ou CIO. Se isso não for possível, que seja alguém preparado ou que aceite ser preparado.

Vasculhe dados, tecnologias, conhecimentos técnicos específicos do produto, da empresa ou da instituição pública. Se a instituição existe, é porque faz diferença em algum ponto e cabe ao Jornalista identificar, criar, transformar dados em informação e oferecer para imprensa.

Assim, você vai para o segundo objetivo: fazer com que a organização assessorada seja pauta positiva na imprensa. Positiva, porque o negativo acontece sozinho, quando você menos espera. Aqui, além do óbvio e tradicional, você pode fazer um caminhão de coisas. Vou citar alguns exemplos só para você se inspirar.

No último final de semana, eu participei de uma corrida de rua, realizada por uma grande rede de supermercados. Inclusive a corrida tem o nome da empresa. De uma forma ou de outra, mil e poucas pessoas foram cadastradas, vários veículos de comunicação acompanharam a programação, o percurso levou pessoas uniformizadas por 12 quilômetros ao longo da cidade, e o evento ainda contou com uma personalidade de destaque, para ser transformada em boca a boca por todo o público presente.

Além disso, a participação foi paga, e o dinheiro arrecadado foi doado a uma instituição de caridade, atingindo mais um público expressivo. Se você não pode fazer ou sugerir coisas com essa complexidade, parta para ideias menores.

Particularmente, gosto de um trabalho realizado em um *shopping* de onde moro, que luta por meio do jornalismo e das redes sociais para fazer a divulgação. Lá vale tudo, desde grandes ofertas, passando por eventos inusitados, exposições simples, encontros de antigomodelismo, shows familiares com artistas locais até iniciativas como: "aqui, você pode trazer o seu pet".

Claro que também tem as tradicionais datas comemorativas diferentes, empregos temporários no final do ano, a troca de estações, as novidades *gourmet*, as tendências de compras para o Natal, Dia dos Namorados, o tamanho do Ovo de Páscoa, enfim, vale tudo. Tudo cabe em uma assessoria dessas.

Nas minhas aulas de Assessoria de Comunicação, eu criei um trabalho obrigatório para o semestre, que desafiava os alunos a encontrarem um assessorado, desenvolverem uma estratégia, criarem um *release* e, por fim, conseguir essa publicação. Para tanto, eles precisavam fazer um *briefing*, preparar o porta-voz (*media training*) e participar de todo o processo. Aprendi muito com eles e descobri que tudo é passível de ser assessorado – desde uma banca de açaí a uma pequena fábrica de material de limpeza vendido de porta em porta.

Curti muito fazer isso e tive dezenas de experiências bastante positivas com os resultados. Inclusive, alguns alunos se tornaram empresários nas áreas de Assessoria de Comunicação e fazem sucesso com seus empreendimentos até hoje.

Outro objetivo importante de uma Assessoria de Comunicação é o de capacitar o assessorado e outras fontes de informações institucionais para atender e lidar com a imprensa. Se você consegue fazer isso com o seu conhecimento, ótimo. Se não, há empresas especializadas que o fazem, e você pode até usar alguns cursos on-line bastante eficientes para esse intento.

É função da Assessoria de Comunicação criar um plano de comunicação eficaz para a organização. Neste plano, são elencadas todas as necessidades do órgão, fraquezas e potencialidades. A partir daí, são criadas estratégias que serão aplicadas objetivando atender aos detalhes eleitos.

Diante de todo o elenco de ações, selecione os canais, que vão desde um ofício a uma matéria de televisão. Nada pode deixar de ser considerado como canal, e todos precisam estar alinhados com o plano de comunicação. Não é por que não é da Assessoria, que o documento informativo não tenha que estar alinhado com o plano. Tudo estar interligado, lembra?

Valorizar um canal de comunicação pode ser uma estratégia, desde que ele atenda às necessidades da comunicação. Lembre-se que comunicar envolve falar com alguém, então se este alguém não ouvir, não existiu comunicação. É de A para B.

Digo isso, porque já vi soluções de comunicação ridículas e, muitas vezes, caríssimas. Já vi organizações investirem fortunas em superproduções de vídeo, sem ter seque um canal de comunicação com o público interessado. Não é por que você pode colocar um vídeo no Youtube, mandar por WhatsApp ou por qualquer rede social, que significa que isso será assistido. Não é por que você colocou um jornal mural no relógio de ponto, que todos estão lendo. Use a criatividade, observe e comunique em todos os lugares.

Por último, vale lembrar que uma linguagem sistêmica e uniforme é obrigatória. Só é possível comunicar algo, é necessário que isso seja compreendido. Então, o papel da Assessoria de Comunicação é também tornar essa comunicação acessível para todos. Linguagem compreensível e uniforme. A receita é esta: escreva para que qualquer um entenda, sem, claro, abandonar a gramática oficial.

8. As coisas mudaram

Diferente de alguns anos, quando o sucesso vinha de um trabalho feito na mídia de comunicação de massa, hoje, o sucesso acontece de uma outra forma e tem outro significado. Vou usar aqui o exemplo das músicas. Nas últimas décadas do século passado, uma música percorria um caminho planejado, com gravação de disco, divulgação em rádios e, quando dava certo, chegava aos programas de TVs.

Com raras exceções, a música começava seu caminho de sucesso chegando primeiro a TV, em programas de auditório, novelas, minisséries ou até eram lançadas oficialmente em programas de jornalismo, como foi o caso de alguns famosos como Michael Jackson, que utilizava o programa Fantástico, da Rede Globo de Televisão, para um alcance nacional.

Depois, era fácil repercutir e, o principal, todos ficavam sabendo. Sucesso era algo que chegava às massas. Podia ser um hit, ou uma música de alta qualidade, o caminho era o mesmo. Utilizei esse exemplo, considerando que tudo era assim, inclusive na política, nos esportes, nas peças de teatro, em produtos, eventos. Tudo tinha uma ligação com esse roteiro.

Hoje, um hit musical é resultado de uma exposição nas mídias sociais e nem sempre é um sucesso das massas. Alguns artistas fazem tanto sucesso com seus hits, mas nem a tia do artista sabe que o sobrinho é um sucesso. São explosões que acontecem em poucos dias e normalmente morrem em pouco tempo também.

Os hits acabam ganhando espaço não pela qualidade, mas pela insistência e pelo instrumento chiclete que fixa na cabeça do ouvinte, mas passa rápido.

Tais ensinamentos mostram que na Assessoria de Comunicação podemos beber da mesma fonte e buscar a fixação pela insistência, pela repetição, pela publicidade e propaganda massiva e por outros fatores positivos que podemos implementar, mas raramente teremos algum de sucesso para as massas. Salvo em casos de grande crise ou notícias extremamente negativas.

Alguns hits viram "memes" e ganham um espaço de "sucesso", entretanto jamais são semelhantes ao real significado do sucesso. O que é sucesso para você? Para o dicionário Aurélio, de Aurélio Buarque de Holanda Ferreira, "é resultado feliz, êxito. De consequência exitosa, positiva". Então, posso dizer, sem julgamentos, que tudo que "viraliza" nas redes pode ser considerado um sucesso. Na minha opinião, não é.

Explico: Uma música que ganha espaço, vai parar em todas as plataformas virtuais, é lembrada em comerciais, em programas de rádio, de TV e em eventos é um sucesso, sem dúvida. Mas exemplos como "Que tiro foi esse", de Jojo Maronttinni, ou "Jenifer", de Gabriel Diniz, são bem diferentes de "O Sol", de Vitor Kley. Todos chegaram na mesma época ao sucesso, porém, na minha opinião, só "O Sol" tem potencial de sucesso, embora pessoalmente eu nem goste da música. Enfim, esse é um outro debate.

Além disso, alguns vídeos, geralmente difundidos na plataforma do Youtube, têm imensa repercussão em determinado público, mas não saem do segmento na fina camada de público que os acompanha. Explico: adolescentes costumam dar audiência para um determinado youtuber, e ele é capaz de conseguir números nunca imaginados no final do século passado. Alguns vídeos do youtube conseguem ter mais audiência que boa parte dos filmes nacionais, lançados entre 1970, 80 e 90 no Brasil, tiveram juntos nas salas de cinema. Essa é a grande força da internet.

Então, um Assessor de Comunicação jamais poderá ignorar esse fenômeno e deve seguir tentando encontrar meios de explorar e tomar domínio no mundo virtual e totalmente desafiador. Como eu disse antes, aqui também entra, em abundância, o fator sorte.

Nunca resista à mudança

A chave do fracasso é resistir às mudanças. Na prática, trata-se de um fator restritivo ao desenvolvimento. Isso não significa que você precisa gostar ou compactuar, mas precisa entender e aprender a usar. As organizações necessitam de inovações, de mudanças, de competitividade, então é preciso, no mínimo, não resistir às mudanças. Aceite o novo.

Somos adultos de um novo momento da história. Se você é nascido dentro da década de 1990, ou antes, tem o privilégio de ter visto a internet nascer, a telefonia celular surgir, o fax desaparecer, o LP desaparecer, o DVD perder seu espaço para plataformas digitais. Enfim, saímos daquele mundo e vivemos neste novo. As gerações anteriores que viveram até a década de 1950 não tiveram essas possibilidades. Já os nascidos depois do ano 2000 foram concebidos na era digital, quando o mundo todo deixou de ser o que era antes. Mas eles são nativos, nós somos da transição. O que isso significa? Não estamos nem tanto lá, nem tanto cá. Somos a transição.

Difícil aceitar as mudanças das quais essa nova geração é pioneira. Aparentemente, eles precisam da nossa experiência. Eu digo: será?

O mundo se transformou, e todos estão basicamente iguais. As empresas inclusive pregam filosofias da horizontalidade, nas quais, as lideranças são mais importantes que as chefias ditatoriais, a opinião do chão de fábrica é importante para a gestão da instituição, a pesquisa serve orientação para as decisões da empresa. O mundo mudou. As salas de trabalho são abertas, e todos se comunicam.

E o que a gente faz em comunicação também é velho. Estamos velhos. Temos que fazer uma comunicação nova. Para tanto, precisamos entender o que temos que fazer. Por isso, esse monte de "ses" para dar um *start*, considerando que boa parte dos que estão lendo, estão buscando mudar alguma coisa na sua vida.

Pouco se fala sobre o que existe atrás das notícias. Hoje, vejo como se todas as paredes fossem de vidro, logo, podemos perceber a quem interessa o que e por quê. Todo mundo vigia todo mundo.

Para entender um pouco disso, é preciso ver, viver, ler, ouvir, acessar tudo que que circula por aí. É preciso ouvir funk. Ir a um baile funk. Observar o comportamento da juventude, ver como são, como se comunicam. Se você já foi, se faz isso, ou se é alguém dessa geração, ótimo, faça o inverso, então. Vá para locais nos quais as outras gerações estão frequentando e observe também.

Como entender que, hoje, são as meninas que escolhem os meninos nas festas? Como aceitar que grupos inteiros se reúnem para ficar envolvidos com o celular? Que estádios lotados, de gente assistindo a um show ao vivo, têm mais gente assistindo pelo celular, filmando ou transmitindo, do que propriamente vivendo aquele momento?

9.Definição de público-alvo

Público-alvo é a porção da massa que se quer atingir. Para que haja a efetiva comunicação, portanto, deve haver uma análise clara sobre os aspectos que regem este grupo em questão, quais são seus interesses e como estão estruturados seus filtros pessoais (Daqui mais algumas páginas, falarei sobre eles). Observando, podemos formar um conjunto de sucesso sem aprofundadas análises, no entanto, na média, é melhor estudar o público-alvo.

Para esclarecer, considere um grupo de médicos associados. O fato de estarem associados já os afunila para uma estreita lacuna de interesses que vão direcionar facilmente o caminho a ser seguido nessa estratégia de jornalismo empresarial, de natureza institucional ou simplesmente jornalística, quando a comunicação em questão for direcionada para ter essa abrangência. Porém, quando este mesmo público for explorado de forma mais abrangente, incluir todos os médicos de um município ou de um Estado, já há uma necessidade maior de medida.

Como assim? Simples: um médico, em início de carreira, não tem as mesmas necessidades de informação que um médico com carreira estável. Pelo menos não quando o assunto é específico. Lembre-se de que estamos falando de segmentação da informação e, nesse aspecto, especificamente, todos os fatos interferem: idade, condição financeira, especialidade, interesses pessoais –todos formam os filtros de comunicação.

O ponto de vista de quem lê ou do consumidor potencial do veículo de comunicação é a base para o sucesso da comunicação bem-sucedido. É bom identificar as preferências do leitor e estabelecer laços racionais e emocionais para tornar o leitor fiel, oferecendo relação de apreço, baseado na confiança e identidade com os profissionais que o fazem. Com as redes sociais à disposição, isso é cada vez mais difícil, mas não impossível.

Filtros do subconsciente

Agora sim, vamos falar dos filtros do subconsciente. Antes de qualquer coisa, é necessário relembrar que o processo de comunicação humana só é acontece quando comunicador e receptor compartilham da mesma percepção.

Nunca é possível que pessoas diferentes percebam a realidade exatamente da mesma maneira. Há uma dinâmica mental interna distinta, considerando a experiência, o conhecimento, a crença, os valores, as atitudes, os signos, as habilidades comunicativas. Contexto bem explicado por Juan E. Diaz Bordenave (1993), em sua obra "Além dos Meios e Mensagens", na qual, ele acrescenta ainda que "A e B possuem repertórios diferentes de signos e, segundo parece, os signos de que se dispõe influenciam a percepção. A e B têm habilidades perceptivas diferentes: um deles enxerga melhor que o outro, o segundo ouve melhor que o primeiro, etc.". Tudo isso faz diferença no processo de triagem e digestão interna da informação recebida pela percepção.

A maior parte do que aprendemos durante a vida nos foi ensinada por pessoas de influência, como pais, professores, parceiros e amigos. De acordo com estudos descritos por Jim Wheller (2002), esse aprendizado produziu filtros que podem distorcer a informação que recebemos.

Os filtros nos permitem ordenar informações e descartar o que não for importante. Imagine o que aconteceria se você tivesse que se lembrar de todas as informações com as quais é confrontado diariamente. Previsões do tempo, noticiários, planos familiares, sons que você ouve no rádio do carro enquanto vai para o trabalho e sua agenda de compromissos. Os filtros ajudam a selecionar quais itens são importantes. Na opinião de Jim Wheeler (1999), três deles são fundamentais: os filtros do subconsciente, de sobrevivência e os sociais.

Os filtros do subconsciente, automaticamente, abrem as portas para nossos valores, nossa cultura, nossa herança e nossa religião. Os filtros de sobrevivência permitem às pessoas realizar tarefas simultâneas, sem necessariamente precisar raciocinar sobre todas ao mesmo tempo. Artifícios da memória nos permitem, por exemplo, dirigir e pensar concomitantemente, sem que isso altere o percurso ou faça com que tenhamos que pensar cada vez que precisamos trocar uma marcha.

Os filtros sociais determinam como nos comportamos no trabalho, em casa ou em nossas carreiras. Embora seja raro hoje me dia, mas ainda vale observar a diferença como você atende ao celular em casa e no trabalho. Não importa o assunto, o meio é o mesmo, mas o ambiente diferente faz você mudar a sua forma de receber essa mensagem.

Devemos sempre considerar, como emissores de uma mensagem, qual a finalidade do conteúdo. Quando o assunto atender aos filtros da obrigação, o receptor é obrigado a conhecer aquele assunto, e a comunicação está facilitada, no entanto, quando o interesse é do emissor em passar aquela informação, deve haver uma conquista a partir do informal do receptor.

Como já vimos anteriormente, comunicar passa por uma questão cultural, então temos que observar também o que é visual. O *design* de qualquer coisa trata da estrutura interna das coisas impactando na superfície. Não é um processo que vem de fora para dentro, mas sim de dentro para fora. Pelo *design*, algo se torna chique, simples ou moribundo. Pela distorção, criam-se falsas ideias ou, pela fidelidade, reporta-se o leitor ao máximo da fidelidade do fato – objetivo principal do comunicador, superando ou interagindo com seus filtros naturais.

As pessoas se exprimem não apenas por grandes gestos, mas também por miudezas quase imperceptíveis – um abraço constrangido, uma camisa amarrotada, um lance de olho. Assim, o *design* também é capaz de sutilmente enviar sua mensagem, respeitando barreiras normalmente implícitas pela capacidade de leitura do público final.

As coisas são ditas de diversas maneiras e nem sempre com palavras. Sabemos que há comunicação pura quando descobrimos a beleza das reticências, das frases que não terminam e ficam soltas no ar. Sendo assim, o silêncio também diz muito. Uma homenagem pode ser expressa de várias formas, com palavras, com gestos ou simplesmente com a reprodução de uma melodia suave rompendo o silêncio. Tudo é comunicação e é preciso estar em constante evolução.

Pirâmide social

Chamo atenção para uma questão especial. Em quase todos os casos citados até aqui, falamos em identificar o público-alvo, criar persona e fazer pesquisas, para então desenvolver uma estratégia de comunicação.

Lembro que não existe receita de bolo para isso, mas planejamento requer ter uma perspectiva de público, capaz de possibilitar uma visão ampla de todos os ângulos e profundidade da figura. Com isso em mãos, é preciso criar objetivos, um indicador, o apontamento da situação atual, a meta perseguida e as iniciativas propostas. Marque um período e verifique se alcançou o resultado. Pronto!

Isso é eficiente para um público identificado e precisa ser utilizado em planos de ação estratégica de curto, médio e longo prazo.

Quando falamos para a massa, ou seja, para toda a população de um determinado local, é preciso ter atenção para um detalhe: como falar para todos? É nesse ponto que entram todas ferramentas de comunicação. Vou explicar.

Para uma organização falar com seus diretores, basta uma reunião, um ofício circular, uma videoconferência e lentamente essa comunicação vai evoluindo. Para a mensagem da direção chegar aos subordinados, o diretor que participou da reunião, replica as informações aos seus subordinados, usando alguns dos instrumentos de comunicação elencados.

Mas e quando a informação não se limita a este público? Quando envolve todo o grupo de interesse, a *stakeholder* da organização. Bom, daí para frente é que entram as estratégias de comunicação de que já falamos exaustivamente e vamos continuar falando. Porém, até aqui, ainda temos um certo domínio sobre a massa, mas lembro que esse público é apenas uma micro fatia superior de uma pirâmide. A grande massa está abaixo, em grande volume.

Para falar com essa massa de grande volume, que envolve toda população? Bom, para esse público é que temos, como instrumento de difusão, os veículos de comunicação: as TVs, os ciberjornais, os jornais impressos, as rádios, os blogs, as redes sociais em geral, o cinema. Então, destaco que ninguém, mas absolutamente ninguém, fala com a massa sem passar por esses canais. E, desde já, posso te dizer que estes não estão nem eles para a sua estratégia de comunicação. Aí entre a criatividade e o uso de tudo que está a seu alcance.

Bom, vamos lá, você usa aqui o seu trabalho de jornalismo, com todo o potencial de *releases*, *follow up*, relacionamento, coletivas, eventos, agendamento de entrevistas e participação em programas. Usa a publicidade e propaganda para tornar sua marca, empresa, produto ou assessorado conhecido. Usa as redes sociais para falar em tempo real com o público e, mesmo assim, pouco será capaz de ser eficiente se o que você quer falar não é de interesse dessa massa, ou concorre com outros assuntos similares. Desanimou? Pode ser, mas é assim que funciona. Então, anote aí: a imprensa e publicidade e propaganda são os únicos caminhos para falar com a massa.

E volto a falar que esse assunto é importante e precisa ser considerado, porque, na maior parte dos casos, a Assessoria de Comunicação só é lembrada como instrumento, quando o "avião está caindo" (para lembrar do que já tratamos). Porém esse trabalho precisa ser constante, insistente, criativo, verdadeiro, transparente e eficiente. Então, não esqueça que a pirâmide, em qualquer nível, precisa ser considerada e aplicada.

10. Divagações para facilitar a observação

Já que a proposta deste livro não é ser algo científico, mas sim as minhas impressões sobre o que aprendi ao longo da vida dentro do jornalismo, então vou demonstrar como mentalizo e construo minhas suposições sobre persona e público-alvo. É um processo mental, que tem por base os seguintes fatores:

Idade - O fator idade é, para todos, um dos mais influentes detalhes do processo da comunicação completa. Faça uma reflexão simples. Quando somos crianças e somos convidados para uma viagem, a preocupação principal de cada um é saber se haverá bastante diversão, parques e sorveterias, entre outros. Quando estamos na adolescência, o interesse é por baladas, lugares movimentados, música e gente bonita. Quando formamos família, o interesse é por lugares divertidos, mas que ofereçam conforto e segurança para todos. Quando a idade avança um pouco mais, o interesse é por lugares supridos por infraestrutura hospitalar e médica, pequenas distâncias para diversão e tranquilidade. Parece trágico, mas a vida nos transforma conforme galgamos passos na imensidão das horas.

No aspecto idade, tudo influencia. O gênero jornalístico, as cores, as imagens, as fontes – tudo deve ser utilizado com critérios. O amadurecimento teórico é natural e, para informar, isso é importante.

Geografia - A informação deve estar sempre próxima, geograficamente falando. Apesar de vivermos em um mundo globalizado, o que faz a diferença na produção jornalística é a possibilidade da diversidade da informação. Quanto mais próxima do leitor, mais interesse vai despertar. Este "próximo" tem outros aspectos, como áreas de interesse ou áreas de conhecimento, mas a interpretação acaba sendo a mesma, basta utilizar um pouco de criatividade e migrar a tradução.

Condição socioeconômica – Quando generalizamos o nosso público, automatizamos a nossa direção. Mesmo com toda a evolução dos meios de comunicação e a facilidade de acesso à informação, ainda podemos dizer que todos somos agendados diariamente pelos veículos de comunicação. Quando o assunto é de interesse coletivo, é comentado e discutido durante todo o dia. Esse fato não tem classe distinta. A tragédia do vizinho que foi assassinado por um menor que lhe roubou alguns trocados atinge à massa mais humilde e à massa mais abastada. A elite diz que estamos vivendo em um mundo violento. Respeitando as devidas proporções, para a outra classe, o destaque fica no fato de o assassino ser morador do bairro, ter feito uso de uma arma da polícia ou que roubou de algum parente, assim por diante.

Quando o assunto é a alta do dólar, a informação não faz a mesma curva. Não há interesse na base da pirâmide, salvo raras exceções. Portanto, quanto à condição econômica, devemos sim considerar essa variável em busca de possibilitar o sucesso da nossa informação/comunicação.

Nível de escolaridade – Além de considerar a classe econômica, devemos lembrar que a base da pirâmide social está ligeiramente associada ao baixo nível de escolaridade. Novamente, aqui, os aspectos visuais e do *designer* farão a diferença. Possivelmente, longos textos, com poucas fotografias e títulos vagos, podem não promover a conclusão da comunicação.

Alguém poderia dizer: "mas os menos abastados financeiramente não leem!". Claro que leem! Se você já ouviu o contrário, pode ter certeza de que é mentira, é uma invenção da elite! Sempre é possível atingir este público desde que se respeite o aspecto de interesse, dificuldades e necessidades. O que devemos é deixar cair por terra a generalização da informação e trabalhar o conteúdo para o público em questão. Falar a mesma língua significa conquistar espaço.

O que devemos perguntar

As perguntas necessárias para identificar as características de um público-alvo, a partir de uma amostragem, devem fazer referência às particularidades bem simples. É preciso também ter claro que amostragem é uma parcela pequena do público total, considerando sempre o que realmente se quer identificar. De acordo publicitário Duda Mendonça (2001), para saber a opinião de todos os brasileiros sobre determinadas questões, são necessárias apenas cerca de 100 entrevistas bem dirigidas.

Ética antes de tudo

Sabemos do compromisso social do jornalista com a informação e escrever para um público específico, a fim de atender aos interesses ou identificar formas de interagir com essa massa, não significa manipular a informação. A escolha do gancho jornalístico, dos gêneros linguísticos, da linha editorial, da tipologia mais adequada, das cores ou de qualquer outro de uma comunicação, não pode se sobrepor às obrigações com a ética profissional.

De forma alguma, projetos bem-sucedidos ou informações que não contribuam com o conhecimento humano devem ser reproduzidos. Por menor que seja a contribuição, o jornalista deve estar sempre preocupado com a responsabilidade social que lhe é atributo (mais adiante, voltarei nesse assunto).

11. Sobre o conteúdo

O *lead* com pirâmide invertida ganhou espaço depois que os jornais perceberam que a velocidade da informação começou a aumentar, chegando ao estágio de "vôo de cruzeiro", reinando por décadas como um modelo perfeito de escrita jornalística. Ainda podemos considerar a praticidade desse tipo de informação, mas entendo que alguns públicos e alguns modelos ou meios de comunicação não precisam adotar esse tipo de escrita.

O nariz de cera responsável pela beleza dos longos textos literários que compunham as páginas impressas caiu por terra no período mais comercial dos jornais impressos, mas isso, hoje, já mudou. Estamos no mundo da internet e, aos poucos, o nariz de cera volta a ser destaque nos debates sobre gêneros jornalísticos. Humanizado ou não, o modelo encontra leitores, e os textos literários já estão presentes em muitos segmentos da comunicação, ganhando cada vez mais espaço. Tudo depende do público que consome essa comunicação.

Flávio Farah (2004), na obra "Ética na Gestão de Pessoas – Uma visão prática", editora Edições Inteligentes, chama atenção para a clareza como uma das qualidades do texto que permite ao leitor captar rápida e facilmente as ideias. Texto claro é o que se entende facilmente, sem esforço, no próprio ato da leitura. Evidentemente, dependendo da natureza da obra e do público-alvo ao qual ela é dirigida, quem escreve pode permitir-se puxar pelo raciocínio do leitor, fazendo-o refletir e tirar conclusões. Mas o autor deve tomar cuidado para não exagerar no nível de dificuldade da leitura, pois, se isso ocorrer, o leitor ficará frustrado por não conseguir alcançar o sentido do texto, mesmo após uma série de tentativas.

Crie suas Personas

É preciso tomar cuidado para não confundir Persona com público-alvo. Persona é a criação de uma persona, ou seja, a definição do cliente típico, com todas as principais características dos compradores, ou de quem consome seu conteúdo. Em geral, as pessoas gostam de "comprar" ou manifestam interesse para aquilo que é oferecido especificamente para elas. Assim, podemos concluir que um produto é melhor aceito quando a oferta for feita baseada no perfil da pessoa. Persona é a representação do seu público, do seu cliente ideal.

A partir da definição de uma Persona, podemos ver as características do cliente, seus desejos, objetivos, *hobbies*, interesses, medos, relações familiares, faixas salariais, enfim, tudo sobre ele. Quanto mais detalhes você tiver, melhor.

Essa definição é estratégica para sua comunicação, para o seu *marketing*, para a venda do seu produto. Quem trabalha na comunicação de uma empresa, pode fazer isso para definir um público específico, geralmente o de maior volume. Com essa definição, você faz propostas assertivas de comunicação.

Apenas como jornalista, você pode criar a Persona, pensando em quem vai ler o que você escreve. Quem você quer que seja essa Persona: o jornalista que está na redação ou o leitor do portal ou veículo onde você publicou? Enfim, o princípio é simples e tem muita utilidade.

Para fazer isso, é possível pesquisar, mas a melhor forma é observar o seu cliente, tanto os potenciais clientes quanto aqueles que já fazem parte da sua "carteira" (entre aspas porque nosso cliente é diferente), ou apenas se colocar no lugar da pessoa e definir por observação.

Se o caso for um produto, você pode pensar em quem seria a pessoa que o compraria, ou leria o conteúdo. Se o caso for um evento, eu colocaria quem seria a pessoa que frequentaria esse local e o que supostamente esperaria disso.

Pense em quando compramos um presente para alguém, imaginamos todos esses traços para definir qual seria a escolha ideal. Você deve conhecer sua audiência ainda melhor para que ofereça um produto que eles desejam e que realmente o ajude a resolver seus problemas. E se for bem-sucedido nessa missão, eles serão mais felizes e, consequentemente, você também.

12. Concluo com uma reflexão sobre a competência profissional

Muito se fala sobre competência profissional em todas as carreiras, mas tenho observado e estudado esse assunto e, cada vez mais, percebo que a ideia de carreira assinala trajetórias de complexidade crescente, que um indivíduo busca, ao longo dos anos, no exercício de sua profissão e posso garantir que "ninguém ganha uma corrida sentado no banco".

Algumas coisas já são claras, as competências exigidas do profissional de comunicação mudaram nas últimas décadas. Essa prática de conseguir colocar matérias nos jornais está ultrapassada. Mensurar hoje é quantificar, capturar dados e analisar. Resultado é trazer retorno para a nossa organização.

No universo de comunicação, as possiblidades são muitas. Hoje, falamos com pessoas, e o céu é o limite. É um mundo criativo, para a escolha dos objetivos e dos canais. Temos a teoria, a prática, mas também temos as hipóteses, e os testes fazem parte das estratégias da comunicação. Muitas vezes, agimos no escuro, na base do "eu acho", mas tudo é possível ser mensurado e dimensionado, principalmente no universo digital. A estratégia pode ser ir buscar esse público ou sugerir que ele se alinhe para uma estratégia sua. Um mundo sem limites, portanto.

Mas e aí? Como profissional, a primeira fase dessa trajetória se inicia em uma formação superior, na qual o indivíduo se habilita em todas as competências da profissão. Neste período, o futuro profissional se torna apto a exercer bem as funções que pleiteia. Uma boa formação é importante, considerando que as áreas de Assessoria de Comunicação ou Assessoria de Imprensa requerem conhecimento em todos os seguimentos desse conhecimento, como rádio, TV, *on-line*, impresso, fotografia, textos, ética, teorias e tudo que se relaciona à profissão.

Vale até investir em formações adicionais, para adquirir habilidade em áreas com a edição de áudio e vídeo, vale conhecer a comunicação em redes sociais, entre outros. Esses conhecimentos são importantes na hora de concorrer a uma vaga de trabalho.

As empresas do mundo globalizado necessitam de pessoas com conhecimento em outros idiomas, principalmente em inglês. No Brasil, ainda se carece de pessoas que tenham domínio de outras línguas, e não é diferente da área da comunicação. Assim, quem tem conhecimento em inglês e/ou espanhol, tem vantagens, mas é importante lembrar que o nosso bom português é fundamental.

O profissional do futuro é empenhado em ter conhecimento e valoriza todas as oportunidades de aprender. Investe em *workshops*, palestras, pós-graduação, mestrados e doutorados. As possibilidades de aprendizados são inúmeras e, na internet, é possível encontrar muitos cursos, inclusive virtuais, para a o aprimoramento. Importante é aproveitar tudo para crescer pessoal e profissionalmente.

E essa questão pessoal, inclusive, é importante destacar. A competência profissional envolve diversos aspectos, que vão desde a maneira de se vestir, à como falar e principalmente as atitudes. Características como a cordialidade sempre atraem e ajudam a conquistar, além de demonstrar maturidade e simpatia. É importante lembrar que nosso principal portfólio somos nós mesmos. Somos lembrados para indicações a vagas de trabalho, geralmente, por pessoas que nos conhecem ou nos viram trabalhar. Quando chegamos a uma oportunidade, por meio de curriculum, passamos por um momento de entrevistas, que é o decisivo para a escolha.

Quando conquistamos uma oportunidade, aí, já passamos para a segunda fase do processo, que é o de demonstrar a que viemos. Nessa fase, pontualidade, compromisso, comprometimento e habilidade para trabalhar em grupo e ligar com pessoas são atributos que observados para promoções e gerenciamentos. Lembre-se de que tudo é um processo, e as empresas buscam pessoas prontas, que teoricamente necessitariam de menos investimentos em qualificação e capacitação, portanto tudo é sempre pouco para um plano de carreira efetiva.

Estou abordando todas essas questões neste material, considerando que o profissional da comunicação trabalha em grandes empresas ou instituições e, muitas vezes, em equipes reduzidas, mas de alta performance. Em tais espaços, não cabe o especialista, é preciso um perfil generalista para que a entrega do produto final seja mais amplo e menos dispendioso. Ou seja, normalmente, não é possível ter uma grande equipe e, considerando que os cursos de comunicação são generalistas, o profissional formado tem todas as habilidades, mas normalmente não quer exercer tarefas simples, como tirar fotografias ou diagramar um jornal, por exemplo. A facilidade com tecnologias também é obrigatoriamente fundamental para o trabalho de comunicação. Afirmo que isso é um diferencial que lhe colocará sempre à frente.

As pessoas acreditam que produto é apenas algo tangível, mas ele é bem mais que isso. Produto é tudo aquilo que pode ser oferecido no mercado para a satisfação de necessidades ou desejos. Em tempos de mercado competitivo, constato que todo profissional é um produto. Fazendo uma analogia com bem de consumo, é possível dizer que como "commodities", somos comparáveis à matéria-prima sem muito processamento, colocados em uma prateleira à disposição do público consumidor.

Vamos imaginar um pacote de arroz de um quilo em uma prateleira. Por si só, o "curriculum" desse arroz tem atributos, mas ele não tem valor agregado. A embalagem pode promover uma seleção, a marca também, mas ainda assim é um produto sem valor agregado. Só se passa para outro nível, quando este está associado a algo mais, como no caso do nosso exemplo, pode ser uma embalagem a vácuo, que amplia a durabilidade do produto, um preparo especial, do tipo já temperado ou associado a uma receita já pré desenvolvida, ou até mesmo um brinde acoplado à compra.

Enfim, o arroz continua sendo arroz, mas seu valor de mercado ganhou atributos. Nada disso tem importância se, na hora do consumo final, não corresponder ao esperado, portanto, esta é outra competência que podemos associar: atender às expectativas descritas na embalagem e cumprir o papel. Aqui, chegamos à competência que é, sem dúvida, a mais difícil das qualidades de se alcançar. Podemos ser treinados para muita coisa, mas, para nos tornarmos competentes e competitivos, precisamos de um pouco mais do que isso.

A competência das organizações sustenta-se na competência das pessoas. Não há produto, nem lucro, se não houver pessoas competentes. A competência é um atributo individual, que, somado a de outras pessoas, forma uma empresa competente. Logo, o conjunto de conhecimento, habilidade, atitudes e valores que um profissional mobiliza e aplica, no contexto profissional, compõe o conjunto de valores da organização.

Esse perfil, positivista, seguro, generalista e competente, auxilia as áreas a desenvolver uma boa comunicação social em uma instituição, considerando que a função requer participação em planejamento estratégico, desenvolvimento de produtos e muito mais. Não é mais possível definir uma comunicação como uma função meramente divulgadora de boas práticas e cobertura de evento. Estamos avançando anos em minutos com o advento da internet e das possibilidades de acesso. Isso tudo mudou o mundo da comunicação e a maneira como a informação chega às pessoas, portanto o processo precisa ser amplo e generalista.

Por quê?

Você deve estar se perguntando por que tudo isso em um livro que fala de Assessoria de Comunicação? Bom, não sei exatamente, mas sempre que ouço alguém desqualificando uma profissão, lembro que não é o curso que faz o profissional, mas sim o profissional o faz.

Como advogado, você só ganhará dinheiro se for bom profissional, bom gestor de carreira, abdicar de muitas coisas, pegar boas causas, ganhar estas causas e, antes de tudo isso, conseguir se manter até a profissão começar a render.

Como médico, você vai estudar uns dez anos e, depois, vai depender de clientela e plantões intermináveis. Faça isso em qualquer profissão, seja gestor dessa carreira, invista, mergulhe, estude, empreenda e chegará lá.

Não somos aquilo que acreditamos ser. Somos o que os outros enxergam na gente. Então, você é uma vitrine. Todas as suas atitudes estão sendo observadas sempre. Se elas falam coisas boas de você, maravilha. Se for o contrário, podem ser lembradas na hora de te dar uma nova oportunidade. Então, seus defeitos acabando sendo essas âncoras que o seguram. Pense nisso.

13. Bônus - A legalização da publicidade e propaganda nos órgãos públicos

Como já vimos, as Assessorias de Comunicação são formadas por três áreas importantes da comunicação social: Jornalismo, Relações Públicas e Publicidade e Propaganda. Acrescentei este capítulo especial, considerando que, diferente da iniciativa privada, no serviço público, existe a Lei n.º 12.232, de 29 de abril de 2010, que dispõe sobre as normas gerais para licitação e contratação de serviços de publicidade prestados por intermédio de agências de propaganda.

É uma legislação que ordena a contratação do serviço e reserva uma fatia de mercado importante para as agências de publicidade e propaganda. O processo licitatório é complexo, e a legislação tem dezenas de por menores que, nas duas vezes em que me dispus a buscar esta licitação em dois órgãos públicos diferentes, enfrentei uma jornada de mais de um ano em ambos os casos.

Mas vale o esforço, considerando que, diante da necessidade de tornar públicos os inúmeros serviços da instituição e contemplar os desafios da missão, da visão, dos valores, os objetivos estratégicos, atender aos indicadores, cumprir metas e sedimentar projetos estratégicos de desenvolvimento da organização, o processo licitatório de contratação de agência de publicidade e propaganda é importante. Por seu intermédio, a gestão da organização pública passa a ter uma ferramenta de estratégia relacionada a objetivos de curto, médio e longo prazos.

Como exemplos de ações positivas, de uma agência à disposição de uma Assessoria de Comunicação no Poder Público, podemos citar a divulgação eficiente de serviços, programas e produtos relacionados. Os resultados das ações são mensuráveis e é bem mais fácil tornar algumas coisas públicas, por intermédio de publicidade.

Esse processo é algo novo na história dos órgãos públicos, considerando que a lei é de 2010 e que todos tiveram que se adaptar a ela. As agências ficam responsáveis por prestar os serviços de planejamento de campanha, criação, produção, veiculação e checagem de todo conteúdo publicitário eventualmente solicitado, quando necessário, conforme disposto na própria lei.

Por esta lei, é vedada a inclusão de quaisquer outras atividades, em especial, as de assessoria de imprensa, comunicação e relações públicas ou as que tenham por finalidade a realização de eventos festivos de qualquer natureza. Esse serviço continua sendo realizado pela Assessoria de Comunicação. Então, eu digo que essa é uma ferramenta de suma importância para trabalhar em uma Assessoria de Comunicação de um órgão público.

Os órgãos públicos precisam dar transparência em suas atividades e boa parte tem muitos serviços importantes para a sociedade, os quais são pouco conhecidos. Diferente dos serviços da iniciativa privada que divulgam amplamente tudo, para que tenham clientes, o serviço público só é conhecido por algumas frentes mais comuns e tradicionais. Então, conquiste isso e faça bom uso.

- Artigo relacionados –

Corresponsabilidade da mídia no combate à violência

Quanto mais eu ouço no noticiário que o crime compensa, que matar não traz consequências, que os roubos e furtos ficam impunes e que a violência doméstica e familiar só tem aumentado, mais eu me questiono sobre o papel da mídia na sociedade.

Entendo a comunicação como um instrumento de desenvolvimento social e dedico meus dias a mostrar que não existem crimes impunes. O que não vejo são os noticiários dizerem que existem consequências para todos os atos de infração e que os atores do combate à violência cumprem seu papel sem, no entanto, agredir o direito constitucional do cidadão, respeitando-se a premissa de que não existe culpado até o transitado em julgado de sentença penal condenatória.

Direitos humanos são conquistas e, embora a vida contemporânea seja imediatista, o processo judicial segue um rito, por segurança jurídica, além de garantir a todo cidadão o direito à ampla defesa. Melhorias são implementadas constantemente nos procedimentos para tornar o efetivo cumprimento da lei mais imediato, como é o caso das audiências de custódia ou até mesmo que os juizados no combate ao crime de menor monta, garantindo, assim, a justiça presente. A fiança, a pena alternativa, a tornozeleira, o semiaberto e outros métodos de punição têm sua eficiência nesse processo de reeducação para a vida em sociedade.

Nesse contexto é que entendo que o papel da mídia deveria ser mais responsável e demonstrar com clareza que não há crime impune. Todos têm seus papéis nesse cenário, Legislativo, Executivo e Judiciário, mas isso não isenta nem torna a mídia livre da responsabilidade que lhe cabe, de trabalhar a informação de forma a aprimorar a sociedade, e não ser apenas arauto da mazela do povo. Tudo precisa ser mostrado, mas as complicações dos atos ilícitos e tudo que se tem feito nesse combate precisa ganhar destaque na mesma proporção.

Por mera observação, sem levantamento estatístico e sem estudo de personalidade, é possível afirmar que muitos homicídios, inclusive no âmbito da violência doméstica, ocorrem devido à clara ideia de que o crime compensa, de que a impunidade impera.

Um estudo realizado pelo Conselho Nacional do Ministério Público (CNMP), ainda em 2013, já apontava que 83% dos homicídios solucionados em São Paulo-SP e 85%, em Campo Grande-MS foram cometidos por motivos fúteis e certamente poderiam ter sido evitados, principalmente se a sensação de impunidade não fosse tão presente na sociedade brasileira.

Na minha opinião, a pesquisa continua atual e tenho certeza de que, se o cidadão comum, que resolve se armar com um martelo em uma bolsa, marcar um encontro com uma ex-companheira com a intenção de lhe tirar a vida, não tivesse certeza da impunidade, não jogaria todo o seu futuro no lixo por um momento de desequilíbrio.

A maior parte dos latrocínios tem esse desfecho porque, ao puxar o gatilho, o meliante julga a polícia incompetente, o Judiciário ineficiente e as leis muito brandas, graças às dezenas de informações que o jornalismo lhe entrega todos os dias. Mas eu solicito a você que está lendo este artigo, aponte quais os casos sem solução ou impunes que você conhece? Pode até ser que a punição não tenha sido a que você julgasse ideal ou que esta não tenha acontecido no tempo que você considerasse justo, mas isso já é outra discussão.

Para ilustrar o que discuto neste texto sobre o papel da comunicação na questão da segurança pública, do bem-estar e da mudança da cultura da violência, lembro que existe uma convenção profissional extraoficial no jornalismo que determina que os suicídios não deveriam ser noticiados. A origem dessa convenção justifica-se no livro "Os sofrimentos do jovem Werther", de 1774, que se tornou uma espécie de incentivo para o suicídio e contagiou muitas pessoas.

O tabu está superado, a informação hoje está ao alcance de todos e é preciso falar e debater o problema. Não podemos ignorar, entretanto, que determinados locais, como pontes, viadutos e métodos espetaculares de suicídio viram points e epidemias. Então, é importante destacar que esse assunto precisa ser tratado com cautela. Eis a questão! Precisamos discutir o suicídio, o crime, a corrupção, a violência doméstica, e não apenas divulgar informações superficiais e irresponsáveis.

O fato de transformar história em espetáculo, personagens em celebridades do mal e até organizações criminosas em modelo de gestão e competência, elevando a hierarquia do crime como algo digno de aplausos, já comprova que vivemos um momento que precisa ser repensado na comunicação. Será que a audiência dos canais de comunicação deve mesmo se contrapor ao bem-estar e à segurança da sociedade?

Somos fascinados por séries e filmes norte-americanos que mostram o quanto a atuação de seu corpo policial e investigativo é eficiente, mas nos esquecemos dos nossos heróis brasileiros, porque quase tudo o que vemos na mídia depõe contra o trabalho árduo e eficiente desses profissionais.

Hora de virar essa página! Levantemos uma bandeira pela responsabilidade da comunicação no que diz respeito à mudança dessa cultura da sensação da impunidade. Que nosso jornalismo cumpra o papel de promover a mudança cultural, de diminuir a sensação de impunidade e de demonstrar efetivamente que não há crime sem consequências e punição, assim como é de fato.

Ainda que não salvemos todos e que não consigamos mudar o mundo hoje, se evitarmos a morte de uma pessoa que seja, com um jornalismo mais comprometido com a responsabilidade social que desempenha, já seremos vitoriosos.

Chegamos à era da sabedoria

É pouco provável que cheguemos a viver sem relações de carne, olho no olho, ou até de alma. As emoções, os sonhos, os pensamentos, o ato em si de tudo que fazemos estará sempre presente na essência, mas temos que admitir que tudo está mudando muito rápido.

Arrisco dizer que, em cinco anos, tudo que não está inserido na lista elencada anteriormente, estará transformado. Hoje, posso até dizer que o que vivemos já pode ser diferente amanhã, tal qual profetizou Heráclito de Efeso: "Nenhum homem pode banhar-se duas vezes no mesmo rio... pois na segunda vez o rio já não é mais o mesmo, nem tão pouco homem!"

Vemos isso acontecer na comunicação. Não é tão novo, mas o fenômeno do telefone celular está mudando a natureza da interação social. Tudo é tão rápido que, a cada novo acontecimento, vemos uma nova conexão preenchendo uma lacuna ou transformando um processo já utilizado exaustivamente. O aparelho é só um meio, as novidades estão sempre em seu uso.

A cada evento, um novo fenômeno acontece. A cada tragédia, uma nova maneira de agir e saber dos acontecimentos ocorrem. A cada eleição, uma nova surpresa. Com tudo isso, é cada vez mais difícil prever exatamente como agir na próxima situação. Quase todos que leem este texto já estiveram diante de uma televisão para aguardar o noticiário do dia para se atualizar. Isso já foi, já passou. Chega a era da sabedoria. Não basta mais ter conhecimento, é preciso ter sabedoria na condução daquilo que antes era certo.

Para ilustrar a diferença entre conhecimento e sabedoria, lembro-me sempre das vezes em que vejo automóveis parados em via pública de faixa branca, com pisca-alerta ligado e com o triângulo de sinalização exposto próximo à traseira do veículo. Colocar o triângulo e ligar o pisca-alerta do carro é conhecimento, está entre as regras de trânsito sinalizar um veículo com problemas mecânicos. O problema é que os veículos, aos quais me refiro, são aqueles parados em local permitido, em vias públicas urbanas, com guia branca bem demarcas, nas quais é indiferente sinalizar se estão estragados ou não, considerando que, caso o carro estivesse em perfeito funcionamento, estaria no mesmo lugar e estacionado completamente certo.

Na comunicação, receitas de bolo nunca deram muito certo e, no mundo contemporâneo, dão menos ainda. As mudanças, hoje, acompanham os diferentes usos sociais dos aparelhos, e a onda segue o fluxo sugerido pela massa que o consome, exemplo disso são os casos de *Fake News*. Temos tudo na palma da mão e dedicamos horas do nosso dia a manipular o aparelho em busca de informação, diversão, entretenimento, comunicação, orientação, compras, enfim, tudo. O processo existe, é vivo e evolui diariamente.

O desafio está nas mãos daqueles que trabalham a comunicação e precisam passam do conhecimento para a sabedoria. Como disse no começo, talvez, não cheguemos a viver sem relações de carne, olho no olho, ou até de alma, portanto a busca pelo acerto no processo de comunicação deve, com toda certeza, passar por este universo subjetivo.

A caminho da transformação do mundo

Pense em qualquer tecnologia atual como os smartphones, tablets ou TVs 4K. Há alguns anos, essas eram consideradas tecnologias de luxo e não interferiam nos processos diários de produção ou comércio. Hoje, tais recursos estão acessíveis, baratos e promoveram um fenômeno na vida de todos nós.

Pode parecer meio exagerado, mas o fato de você viver nesse mundo já o coloca dentro desta história, sendo da área da comunicação ou não, mas se está planejando, fazendo gestão de comunicação, apontando caminhos para o futuro, mapeando possibilidades, fazendo diagnósticos para sugerir investimentos na usa organização, então isso te interessa sim.

O que chama a atenção é que continuamos ignorado muitas revoluções que já aconteceram e, principalmente, as que se avizinham. Se dimensionarmos, podemos dizer que metade de tudo que conhecemos estará transformado em, no máximo, uma década. Estou escrevendo isso em 2019.

Os protagonistas principais são os motores a combustão e as impressoras 3D. Pode parecer exagero, mas considere o simples fato de o transporte deixar de utilizar o combustível fóssil. É o fim de todo um complexo mundo financeiro, de logística e de produção. Tudo bem que a matéria-prima continuará sendo útil, mas, com toda certeza, não na proporção e no modelo que opera hoje.

Quantos segmentos estão ligados diretamente a esse comércio? Dezenas, contando apenas aqueles que conhecemos no ambiente urbano. E as impressoras 3D, que nasceram tímidas e foram utilizadas em protótipos e brinquedos? Hoje, já existem estudos até para a produção de formas orgânicas.

Se nos ativermos apenas às possibilidades simples, como a impressão de uma peça plástica de pequeno porte, no acabamento ou na mecânica de um veículo, por exemplo, já podemos dizer que cerca 25% das peças de reposição de um carro poderiam ser produzidas na hora, em uma concessionária, em qualquer parte do país.

Ao invés de transportar a peça na forma física de uma base para outra, esse processo poderá ser realizado de forma virtual e entregue no balcão da concessionária. É um exemplo hipotético, mas pode representar um futuro próximo, considerando a evolução desses equipamentos, que já estão sendo testados até na construção civil.

A movimentação dos estudos em direção à produção de materiais industriais mais complexos, como o titânio, amplia ainda mais as possiblidades das impressões em 3D, e isso é só o começo. Passamos pelo processo do artesanal ao industrial, com linhas de montagem. Agora, estamos chegando ao momento da personalização industrial, com tecnologias fáceis de serem utilizadas e que, assim como os smartphones, evoluíram para a complexidade e para a simplicidade, ao mesmo tempo.

Boa parte das novas tecnologias ocuparam novo espaço e convivem bem com as anteriores, porém destaco que, quando se trata de economia de dinheiro ou eficiência no entregar, a novidade vai prevalecer, portanto fica um alerta para quem busca empreender na direção oposta a estas perspectivas.

Agradecimentos

Para um jornalista, a aventura da reportagem é provocadora. O desafio do papel em branco é incitador. E a tentadora sensação de escrever estas páginas, para mim, foi radical, mesclando os dois desafios: a provocação da página em branco e a garimpagem busca da melhor informação.

Por vezes, eu me vi isolado, ilhado no centro de uma porção de informações que eu busquei lapidar até o ponto de fazer sentido. Vivi isolado também no mundo físico, por horas e horas me ocupando deste registro.

Obrigado a todos que, mesmo sem saber, ajudaram-me de alguma forma, mas principalmente para quem me manteve no foco, dando o apoio de sempre. Estou falando da minha esposa e companheira para todas as horas, Luzia, jornalista e escritora.

Agradeço também a Deus, pela saúde e todas as oportunidades que me permitiu na vida. Por último e não menos importante, às minhas três filhas: Evelyn, Estefanie e Michelly, e a meu enteado Vinícius, a minha mãe Lira, meu pai Roberto, que fazem parte de tudo que sou eu.

Meus sinceros agradecimentos também a Giovana Martini de Carvalho Souto, estudante de Jornalismo, que me apresentou a equipe do Laboratório de Revisão de Textos Acadêmico-científicos (LABREV) da Universidade Federal de Mato Grosso do Sul, que dedicou tempo a tornar este produto melhor.

Eis a palavra com que desejo não encerrar, mas finalizar esta etapa de reflexão: Gratidão!

Referências

BORDENAVE, Juan E. Diaz. **Além dos Meios e Mensagens.** Rio de Janeira: Editora Vozes, 1987.

BORDENAVE, Juan E. Diaz. **Além dos Meios e Mensagens.** Rio de Janeira: Editora Vozes, 1993.

DUARTE, Jorge. **Assessoria de Imprensa e Relacionamento com a Mídia**. São Paulo: Atlas, 2002.

ETZEL, Walker Stanton. **Marketing**. São Paulo: Makron Books, 2001.

FARAH, Flávio. **Ética na Gestão de Pessoas:** Uma visão prática. Porto Alegre: Editora Fi, 2004.

GOETHE, J. W. **Os sofrimentos do jovem Werther**. Tradução de Erlon José Paschoal. Estação Liberdade; Edição 1, São Paulo – SP, 1999.

KOTLER, Philip; KELLER, Kevin Lane. **Administração de Marketing**. 12. Ed. São Paulo: Pearson Education, 2006.

KOTLER, Philip; ARMSTRONG, Gary. **Princípios de Marketing.** 12. Ed. São Paulo: Pearson, 2007.

KUNTZEL, Carlos. Público-alvo. In: ______. **Jornal Impresso**: do público-alvo à mensagem visual. Campo Grande: On Gráfica, 2006.

LEVITT, Ted. **The marketing imagination**. New York: The Free Press, 1990.

MARCONDES FILHO, Ciro. **Televisão a vida pelo vídeo**. São Paulo: Moderna, 1988.

MENDONÇA, Duda. Casos & Coisas. Livros Globo, 2001.

PRODUTOS, SERVIÇOS, MARCAS E EMBALAGENS. Disponível em: <https://anhembi.blackboard.com/mwg-internal/de5fs23hu73ds/progress?id=ZtgVSNhWy00SYuZt Yeg86S8uCD29SftOnZI0mjm_mcg>. Acesso em: 11 de agosto de 2019.

SANTIAGO, Marcelo Piragibe. **Gestão de Marketing**. Curitiba: IESDE Brasil S.A, 2008.

SHINYASHIKI, Roberto. **Os Segredos das apresentações poderosas:** Pessoas de sucesso sabem vender ideias, projetos e produtos para qualquer plateia. São Paulo: Gente, 2012.

WHEELER, Jim. Como Ter Idéias Inovadoras. Coleção: Estratégias Para O Novo Milênio. Editora: Market Books Brasil, SP: 1999

O autor

Carlos Kuntzel é Jornalista com mais de 20 anos de atuação em Assessorias de Comunicação e Imprensa. Possui graduação em Comunicação Social - Jornalismo pela Universidade para o Desenvolvimento do Estado e da Região do Pantanal (2003), pós-graduado em Práticas Pedagógicas do Ensino, Método e Técnicas. Foi docente da Universidade Anhanguera-Uniderp e Coordenador do Curso de Jornalismo e diretor da TV Pantanal. Na instituição atuou no curso de Jornalismo, mas já lecionou nos cursos de Publicidade e Propaganda, Ciências Contábeis, Fisioterapia, Medicina Veterinária, Educação Física e Engenharia Elétrica. Tem livros publicados: Planejamento Gráfico: A personalidade do Impresso; Jornal Impresso: do público-alvo à mensagem visual; e Peregrinação no Caminho da Fé e Como ter uma carreira profissional de sucesso: Descubra segredos para uma vida profissional promissora (disponível no Kindle e Amazon). É Funcionário Público do Tribunal de Justiça de Mato Grosso do Sul e atualmente é Diretor da Secretaria de Comunicação do Tribunal de Justiça. Foi assessor de imprensa no legislativo municipal e foi responsável pelas três campanhas eleitorais. Foi Diretor de Imprensa da Câmara Municipal de Campo Grande e da Fundação Lowtons de Educação e Cultura (Funlec). Tem crônicas e contos publicados em site de renome, além de ter sido vencedor no concurso Ulisses Serra de contos, da Academia Sul-Mato-Grossense de Letras, em 2008. Apaixonado por fotografias já expôs vários trabalhos no Tribunal de Justiça, em universidades e órgãos legislativos e já atuou, por vários anos em jornais semanários como repórter, jornalista, diagramador e fotografo.

Para perguntas, comentários, elogios, críticas ou reportar erros, faça contato: carloskuntzel@gmail.com

Instagran: @kuntzel e @book.run

Facebook: Carlos Kuntzel

Leia também: Peregrinação no Caminho da Fé e Como ter uma carreira profissional de sucesso: Descubra segredos para uma vida profissional promissora, de Carlos Kuntzel (baixe pelo kindle ou compre no portal da Amazon)